주석 불교정전 권1

주석 서문 성

주석 불교정전 권1

주석 서문 성

주석자의 변辨

교단 2세기가 시작된 지 몇 해가 지났다. 2세기에는 지난 세기와는 달리 많은 변화가 있을 것이고, 변화를 요구할 것이며 그 요구에 답을 해야 할 것이다. 그 변화의 중심에는 무엇이 있어야 하는가? 시대가 아무리 변해도 변할 수 없는 그것이 무엇인가를 생각하다가 소태산 대종사님의 말씀을 다시 받들고 싶었다.

그리하여 소태산 대종사님의 법문 중 『대종경선외록』을 공부하면서 덤으로 『주석 대종경선외록』을 원기102(2017)년에 선보이게 되었고, 소태산 대종사님께서 교단의 문을 여시고 제자들을 지도하셨던 경륜을 받들고 싶어 『불법연구회창건사』를 공부하다가 『주석 불법연구회창건사』를 지난해에 펴냈다.

주석자는 소태산 대종사님께서 제자들에게 "나의 일생 포부와 경륜의 대요는 이 한 권에 거의 표현되어 있나니, 삼가 받아 가져서 말로 배우고, 몸으로 실행하고, 마음으로 증득하여, 이 법이 후세 만대에 길이 전하게 하라."[『대종경』 부촉품 3]고 하신 『불교정전

佛教正典』을 봉독하고 봉독하면서 새기고 또 새겼다. 이는 소태산 대종사님의 사상과 경륜을 조금이나마 체 받고자 하는 염원의 일환이었다. 그러는 가운데 또 한권의 주석서가 되었다.

교단 초기교서들을 공부하면서 소태산 대종사님의 사상과 경륜은 그 시대 그 때에 부합되도록 끊임없는 진행형이 되어야 한다는 것을 다시 한 번 느꼈다.

『주석 불교정전』 권1은 교단의 공식적인 주석서가 아니며, 전문적인 해설서도 아니다. 초학자가 공부하며 낱말 뜻 정도의 일반적 내용을 주석하였으나 혹여 오류가 있다면 주석자의 부족함과 어리석음이기에 지도편달을 부탁하고 싶다.

소태산 대종사님과 깊은 인연을 맺는데 작은 디딤이라도 되었으면 하는 마음으로 주석자의 변辨을 가름한다.

원기104(2019)년 매화꽃을 보며

우석당愚石堂에서 서문 성

일러두기

1. 원문은 국한문 혼용으로 한자에 한글 토를 달았으나 필요하다고 판단된 단어에만 한글에 한자 토를 달았다.
2. 시대의 변천으로 인한 표현은 원문을 훼손하지 않는 범위 안에서 약간만 교정하고 띄어쓰기를 했다.
3. 각 편에 처음 나온 단어에만 주석하고, 주석의 단어에는 한자를 넣었다.
4. 주석하는 기준은 원문을 이해하는 데 도움이 될 수 있는 단어를 기준으로 했다.
5. 주석의 문장은 객관적 표현과 종교적 표현을 상황에 따라 함께 했다.
6. 원기를 표현할 때는 서기를 괄호( )에 넣었다.
7. 목차 부분은 주석서를 보는데 편리하도록 앞쪽으로 옮겨서 편집하여 영인본의 목차 부분과 위치가 다르다.
8. 부록 1, 『불교정전』 권3 제4편 의두요목은 주석을 하지 않았다.
9. 부록 2, 영인본은 『불교정전』 권1과 『불교정전』 권3 제4편 의두요목을 넣었다.

불교정전佛教正典

『불교정전』은 원불교 교조인 소태산少太山 박중빈朴重彬 대종사[大宗師, 1891~1943, 소태산 대종사로 약칭]가 지은 원불교 교리이념을 집대성한 기본경전과 연원淵源 종교인 불교佛教의 경전과 조사어록을 번역한 전 3권의 원불교 초기교서의 완결판으로, 소태산 대종사의 열반 당년인 원기28(1943)년 3월에 간행되어, 소태산 대종사 열반 후 8월에 익산총부에 도착했다. 그중 권1과 권3의 의두요목疑頭要目을 재구성하여 개편한 것이 현재의 『정전正典』이며, 권2・3의 개편이 『불조요경佛祖要經』이다.

소태산 대종사의 깨달음[大覺]에 따른 원불교의 개교開教는 원기1(1916)년에 이루어지지만 구세이념이 성문화되어 교서로 성립되는 과정은 순차적으로 이루어졌다. 교단 최초로 교서가 간행된 것은 원기12(1927)년 『수양연구요론修養研究要論』이며, 이에 수행교리인 삼학팔조三學八條 등이 드러났다. 법문의 성문화成文化는 원기13(1928)년 창간된 『월말통신月末通信』 창간호에 '최초법어' 중의 '강자약자强者弱者의 진화상進化上 요법'이 '약자로 강자되는 법문'이라는 이름으로 발표되면서 비롯되고, 이어 다양한 법문이 발표됐다. 이들을 바탕으로 원기17(1932)년에 『보경육대요령寶經六大要領』과 원기19(1934)년에 『보경삼대요령寶經三大要領』이 간행됐다.

원기20(1935)년에는 원기5(1920)년경 초안했던 『조선불교혁신론朝鮮佛敎革新論』과 혁신예법을 담은 『예전禮典』 등 교리·제도에 관한 교서가 간행됐다. 같은 해 발행된 『회보會報』 제14호에는 서대원 번역의 「죄복보응경罪福報應經」을 수록하고, 이후 불경과 조사어록이 다양하게 번역됐다.

원기25(1940)년부터 소태산 대종사는 제자 가운데 송규·송도성·서대원·이공주·박장식에게 그간의 모든 초기교서를 통일 수정하는 교서편수를 하도록 했다. 이에 의해 작성된 것이 원기26(1941)년의 『교전[敎典, 묵사본]』이며, 이를 바탕으로 소태산 대종사의 감정이 이루어져 원기27(1942)년에 결집이 완성되자 『정전正典』이라 이름하고 전라북도 학무국에 출판허가를 신청했다. 그러나 일제는 황국[皇國, 일본] 선양宣揚의 정신이 없음을 핑계로 불허했다. 교단에서는 인연이 있던 『불교시보사』 사장 김태흡의 주선으로 일부 내용을 고쳐 『불교정전』이라 이름하고, 조선총독부의 허가를 받아 원기28(1943)년에 간행했다.

『불교정전』 권1은 국한문 혼용에 토를 단 활자본으로 첫머리 부분과 전 3편으로 이루어졌다. 첫머리는 신앙의 대상인 법신불法身佛 일원상一圓相과 각종 표어標語, 교리도敎理圖, 불법연구회佛法研究會의 설립동기, 서序로 되어 있다.

제1편 개선론改善論은 총 11장으로 『조선불교혁신론』의 내용을 옮긴 것이며, 제2편 교의敎義는 총 9장, 제3편 수행修行은 총 15장으로 구성되었는데, 이는 『보경육대요령』의 내용이 주를 이룬다.

『불교정전』 권2는 불경佛經으로 소태산 대종사가 석가모니불을 연원불淵源佛, 불법佛法을 연원 교법으로 삼게 된 「금강경」을 비롯한 여섯 경전을 수록했다. 구마라집 번역의 「금강반야바라밀경[금강경]」, 현장 번역의 「반야바라밀다심경」, 가섭마등 번역의 「사십이장경」, 구나발타라 번역의 「죄복보응경」, 백법 번역의 「현자오복덕경」, 구담법지 번역의 「업보차별경」을 번역하여 수록하고 있다.

『불교정전』 권3은 조사어록으로 보조지눌 저술의 「수심결」, 보명 저술의 「목우십도송」, 몽산덕이 저술의 「휴휴암좌선문」을 번역 수록했다. 그리고 의두요목 47편을 수록했다.

이들 권2 · 3은 각각 한문과 한글번역을 수록했으나 권2의

「사십이장경」·「현자오복덕경」·「업보차별경」은 한문 원문을 생략했다. 권3의 '의두요목'은 『수양연구요론』의 '각항연구문목各項研究問目' 137편에서 요긴한 것을 발췌했다.

『불교정전』은 원기28(1943)년 간행 이래 교서로 사용되면서 신앙·수행의 길잡이가 되었다. 권1은 원기30(1945)년 해방과 함께 일제의 탄압에 교단 해체를 막기 위해 임시방편으로 수록된 교리 부분을 삭제·수정하여 개쇄본改刷本을 제작·사용했다.

이에 따라 양대은兩大恩인 황은皇恩·불은佛恩이 생략되고, 소태산 대종사의 게송偈頌을 수록하였고, 사대강령 중의 진충보국盡忠報國이 무아봉공無我奉公으로 바뀌었다. 그러나 권1 제1편 개선론에 양대은兩大恩 이라는 단어가 2번 나온다. 이는 개쇄본의 한계로 보인다.

권1은 원기47(1962)년 『정전正典』과 『대종경大宗經』을 합본한 『원불교교전圓佛教教典』이 결집·간행되면서 교서로서의 수명을 다했고, 권2·3은 원기50(1965)년 『불조요경佛祖要經』이라는 새로운 모습으로 재탄생했다.

소태산 대종사는 열반을 1년 앞둔 원기27(1942)년 진행되어 오던 『정전』의 편찬을 자주 재촉하고 감정하여 완성되자 바로 인쇄하도록 하며, 제자들에게 "때가 급하여 이제 만전을 다하지는 못했으나, 나의 일생 포부와 경륜이 그 대요는 이 한 권에 거의 표현되어 있나니,"[『대종경』 부촉품 3]라고 했다.

일제라는 시대적인 제약은 있었지만 소태산 대종사의 구세경륜 대강은 『불교정전』 권1에 담았고, 일제의 제약을 털어낸 것이 오늘날 원경[元經, 근본 되고 으뜸 되는 경전]으로 불리는 『정전』이다[『원불교대사전』의 내용을 참조하여 정리함].

/목차/

불교정전佛教正典 합권合卷 목차

권1卷一

권2卷二

권3卷三

권1卷一 세차細次

제1편 개선론改善論

제2편 교의敎義

제3장 계송偈頌

제4장 사은四恩

제1절 천지은天地恩

제2절 부모은父母恩

불교정전 佛敎正典

佛 日 增 輝
法 輪 常 轉

불일증휘佛日增輝 법륜상전法輪常轉 : 부처님의 지혜광명智慧光明이 거듭 빛나고 법法의 수레바퀴가 늘 쉬지 않고 굴러감.

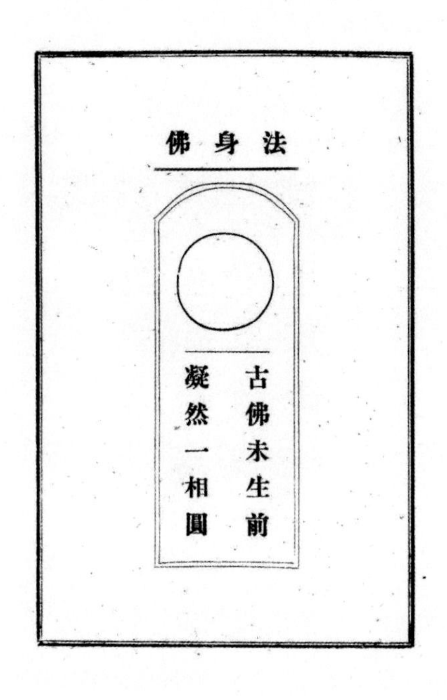

법신불法身佛 : 진리 그 자체로서의 불佛. 소태산 대종사가 깨달은 일원상 진리.

고불미생전古佛未生前 응연일상원凝然一相圓 : 옛 부처님 나기 전에도 응연하게 한 상은 둥글었네.

本會 四大綱領

正覺正行
知恩報恩
佛教普及
無我奉公

본회本會 : 불법연구회.

사대강령四大綱領 : 교단의 지향점을 네 가지로 요약한 강령. 67쪽 참조.

정각정행正覺正行 : 바르게 깨달아서 바르게 행동하는 것.

지은보은知恩報恩 : 은혜 입은 내역을 알아서 은혜를 갚는 것.

불교보급佛教普及 : 불법활용佛法活用과 같은 말로, 불법을 수행하여 세상에 유익 주는 사람이 되는 것.

무아봉공無我奉公 : 나를 없애고 공익을 위해 성심성의를 다하는 것.

圓同太虛
無欠無餘

一相三昧
一行三昧

원동태허圓同太虛 무흠무여無欠無餘 : 원만하고 두렷하기는 태허와 같아서 모자람도 남음도 없음. 태허太虛란 아무 것도 걸림이 없는 허공과 같다는 뜻.

일상삼매一相三昧 일행삼매一行三昧 : 일상一相이란 만법이 한 근원이요 모든 차별현상이 구공하여 한 상相도 허용하지 않는 실상의 당처, 일행一行이란 만법이 역연하여 소소영령昭昭靈靈하게 차별되고 생성하는 실상의 실재. 삼매三昧란 입정入定을 의미.

佛法是生活
生活是佛法

動靜一如
靈肉雙全

불법시생활佛法是生活 생활시불법生活是佛法 : 불법이 곧 생활, 생활이 곧 불법.

동정일여動靜一如 : 일이 있을 때[動]나 없을 때[靜]나 한결같음.

영육쌍전靈肉雙全 : 인간의 정신[수도]과 육신[생활]을 아울러서 조화롭고 온전한 생활을 하는 것.

無時禪
無處禪

事事佛供
處處佛像

무시선無時禪 무처선無處禪 : 시간과 장소에 구애받지 않고 선禪을 하는 것.

사사불공事事佛供 처처불상處處佛像 : 일마다 불공, 곳곳이 부처님.

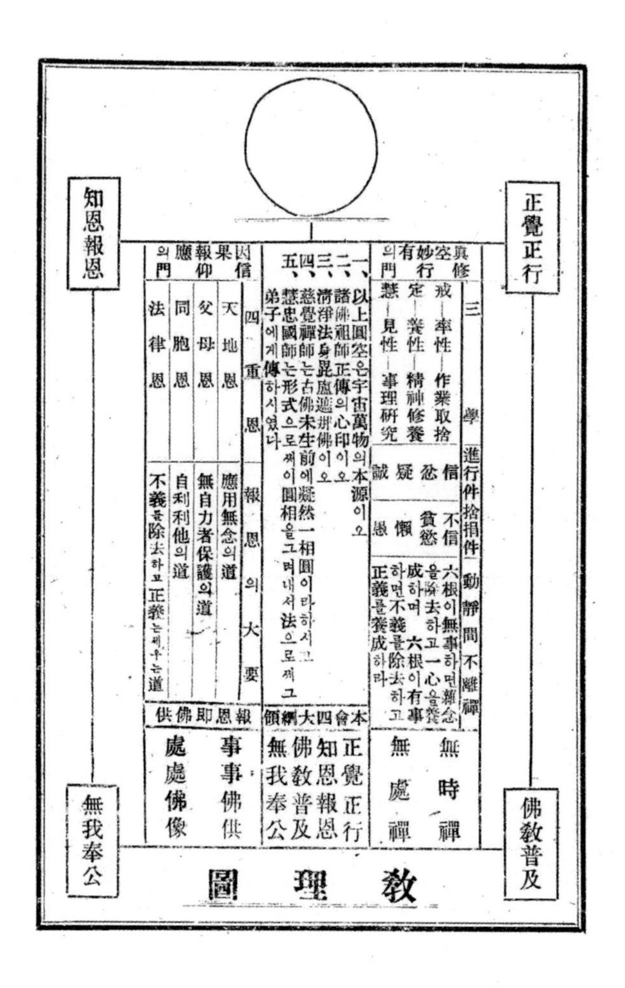

교리도教理圖 : 불법연구회 당시 교리의 핵심을 간단한 도식圖式으로 표현한 도형. 교리도는 원기17(1932)년 발행한 최초의 경전인 『보경육대요령』에서 밝혔으며, 이를 발전시켜 원기28(1943)년 『불교정전』에서는 일원상一圓相을 종지宗旨로 드러냈다. 그 후 원기47(1962)년 『원불교교전圓佛教教典』에 이르러 완성을 보았다.

불법연구회佛法硏究會의 설립동기設立動機

현하現下 과학科學의 문명文明을 따라 물질物質을 사용하는 사람의 정신精神은 점점 쇠약衰弱하고, 사람이 사용하는 물질의 세력은 날로 융성隆盛하여, 쇠약한 사람의 정신을 항복降服받아 물질의 노예생활奴隸生活을 하게 하므로, 모든 사람의 생활해 가는 것이 무지無知한 **노복**奴僕에게 **치산**治産의 권리權利를 상실喪失한 주인같이 되었으니, 어찌 그 생활해 가는 데에 **파란고해**波瀾苦海가 없으리오.

이 파란고해를 벗어나서 **광대무량**廣大無量한 낙원樂園의 생활을 건설하기로 하면 **진리적**眞理的 **종교**宗敎**의 신앙**信仰과 **사실적**事實的 **도덕**道德**의 훈련**訓練으로써 물질을 사용하는 정신의 세력을 확창擴昌하여 날로 융성하는 물질의 세력

현하現下 : 오늘날. 현재. 현 시대의 상황은.
노복奴僕 : 노예 혹은 종.
치산治産 : 집안 살림살이를 잘 돌보고 다스림.
파란고해波瀾苦海 : '크고 작은 물결이 한없이 일고 있는 고통의 바다.'라는 의미로 괴로운 중생의 세계를 비유하여 이르는 말.
광대무량廣大無量 : 헤아릴 수 없이 넓고 큼.
진리적眞理的 **종교**宗敎**의 신앙**信仰 : 참된 이치를 밝힌 종교를 바르게 믿음.
사실적事實的 **도덕**道德**의 훈련**訓練 : 진리에 근거하여 인간의 삶과 인격을 실질적으로 향상시키는 도덕훈련.

을 항복 받아 파란고해에 노예 생활하는 **일체생령**一切生靈을 광대무량廣大無量한 낙원樂園으로 인도引導하려 함이 그 동기動機이다.

서序

불교佛敎는 진리眞理와 방편方便이 **호대**浩大한지라 모든 **선지식**善知識이 **차**此를 많이 이용하여 각종각파各宗各派로 **분립**分立하고 **포교문**布敎門을 열어 많은 사람을 가르쳐왔으나 각종각파의 분립한 시일時日이 오래되고, 또는 각종의 주장과 방편이 다른 만큼 신자信者도 또한 **시비**是非가 분분紛紛하여 포교布敎를 서로 장해障害하며 필경畢竟에는 적대시敵對視까지 하여 타他 종교宗敎 급及 외인外人 사회社會의 **비평**批評 **조**

일체생령一切生靈 : 영식[靈識, 신령스러운 앎]이 있는 모든 존재.
호대浩大 : 매우 넓고 큼.
선지식善知識 : 불법을 잘 수행하여 뛰어난 지혜와 덕을 갖춘 사람.
차此 : 이 차此. 이.
분립分立 : 갈라져서 따로 섬. 또는 따로 나누어서 세움.
포교문布敎門 : 종교의 가르침을 널리 펴기 위한 교문.
시비是非 : 옳음과 그름.
비평批評 : 사물의 옳고 그름, 아름다움과 추함 따위를 분석하여 가치를 논함.
조소嘲笑 : 비웃음.

소嘲笑를 면免치 못하게 된 일도 간혹間或 있었나니, 이는 다 각종각파의 **소종래**所從來를 알지 못하는 데서 생生함이라, 혹 각종의 주장과 시대변천을 따라 서로 다른 점은 있을지언정 부처님이 전해주신 그 진리와 제도의 대의大義는 다르지 아니한 **동근**同根 불제자佛弟子로서 **불목**不睦을 생生함이 어찌 **석존**釋尊의 본의本意시리오.

또는 조선朝鮮의 재래在來 불교는 모든 제도가 산중山中 생활하는 승려僧侶를 본위本位하여 조직이 되었는지라 **세간**世間 **생활**生活하는 **속인**俗人에 있어서는 모든 것이 서로 맞지 아니하고 반대같이 되었으므로 누구를 물론하고 불교의 참다운 신자가 되기로 하면 세간 생활에 대한 모든 의무와 책임이며 직업까지라도 **불고**不顧하게 되었나니, 이와 같이 되고 보면 아무리 **불법**佛法이 좋다 할지라도 넓은 세상이 다 불

소종래所從來 : 어떤 일이 있게 된 근본 원인과 과정.
동근同根 : 근본이 같음. 또는 같은 근본.
불목不睦 : 서로 사이가 좋지 아니함.
석존釋尊 : 석가세존釋迦世尊의 줄인 말. 석가모니[샤카족의 성자]와 세존[신성한, 성스러운, 존귀한]을 병합하여 높여 부르는 말.
세간世間 **생활**生活 : 인간들이 사는 세상에서의 생활. 중생들이 살아가는 세계의 생활. 세속생활世俗生活과 같은 뜻.
속인俗人 : 일반의 평범한 사람. 불가에서 승려가 아닌 일반 사람을 이르는 말.
불고不顧 : 돌아보지 아니함. 돌보지 아니함.
불법佛法 : 부처의 가르침.

은佛恩을 입기 어려울지라 이 어찌 원만한 대도大道라 하리오.

그러므로 우리는 **불조정전**佛祖正傳의 **심인**心印이요, 우주만유宇宙萬有의 근본根本이 되는 **법신불**法身佛 **일원상**一圓相을 수행修行의 **표본**標本과 신앙信仰의 대상對象으로 모시고, 그 심인의 **오득**悟得과 수행을 하기 위하여 **계정혜**戒定慧 삼학三學으로써 **공부**工夫**의 요도**要道를 정定하였으며, 또는 각종의 모든 **교지**敎旨도 우리 수행의 참고로 하자는 것이며, 또는 재래와 같이 불교의 신자가 됨으로써 세상일을 못할 것이 아니라 불교의 신자가 됨으로써 세상일을 잘하자는 뜻으로써 **본서**本書를 편성編成하는 바이다.

불은佛恩 : 부처의 은혜.
불조정전佛祖正傳 : 부처와 조사가 바르게 전하고 이어받음.
심인心印 : 마음으로 전하는 깨달음의 경지.
법신불法身佛 : 진리 그 자체로서의 불佛. 진리 부처님.
일원상一圓相 : 한 둥근 모습[○]. 소태산 대종사가 제시한 법신불의 상징. 일원一圓, 원상圓相 등으로 표현하기도 함.
오득悟得 : 깨달아 얻음.
표본標本 : 본보기가 되고 표준이 되는 것.
계정혜戒定慧 : 부처를 이루는 세 가지 공부 방법으로 계율戒律과 선정禪定과 지혜智慧.
공부工夫**의 요도**要道 : 몸과 마음을 닦는[수행] 올바르고 요긴한 길.
교지敎旨 : 근본이 되는 가르침 혹은 교리.
본서本書 : 『불교정전』.

권1 卷一

改善論

제1편 개선론

제1편 개선론改善論

제1장 과거 조선 사회의 불법佛法에 대한 견해

불교佛敎는 조선에 인연이 깊은 교敎로써 환영도 많이 받았으며 배척排斥도 많이 받아 왔으나, 환영은 여러 백 년 전에 받았고 배척 받은 지는 오래지 아니하여, 정치의 변동이며 유교儒敎의 세력에 밀려서 세상을 등지고 산중山中에 들어가 **유야무야**有耶無耶 중에 **초인간**적超人間的 생활을 하고 있었으므로 조선 사회에서는 그 법法을 아는 사람이 적은지라, 이에 따라 혹 안다는 사람은 말하되, 산수山水와 경치景致가 좋은 곳에는 **사원**寺院이 있다고 하며, 그 사원에는 승려僧侶와 불상佛像이 있다고 하며, 승려와 불상이 있는데 따라 세상에 사는 사람은 복福을 빌고 죄罪를 **사**赦**하기** 위하여 **불공**佛供을 다닌다 하며, 그 승려는 불상의 제자가 되어 가지고

개선론改善論 : 소태산 대종사가 제시한 전통 불교의 개혁 방법론. 후에 『대종경』「서품」에 요약되어 수록됨.
유야무야有耶無耶 : 있는 듯 없는 듯 흐지부지함.
초인간超人間 : 세속을 떠나 초연超然하게 생활하는 사람.
사원寺院 : 종교의 교당. 여기에서는 사찰을 말함.
사赦**하고** : 지은 죄나 허물을 용서받고.
불공佛供 : 정성을 다해 부처를 공양함.

처자妻子 없이 독신생활獨身生活을 한다 하며, 삭발削髮을 하고 머리에는 **굴갓**을 쓰고 몸에는 **검박**儉朴**한** 옷을 입고 목에는 **염주**念珠를 걸고 손에는 **단주**短珠를 들고 입으로는 염불念佛이나 **송경**誦經을 하며, 등에다는 **바랑**鉢囊을 지고 밥을 빌며 **동령**動鈴을 하고, 혹 세속世俗 사람을 대하면 아무리 천賤한 사람일지라도 **문안**問安을 올린다 하며, **어육주초**魚肉酒草를 먹지 아니한다 하며, 모든 생명을 죽이지 아니한다 하나, 우리 세상 사람은 양반兩班이라든지 부귀富貴를 한다든지 **팔자**八字가 좋은 사람이라면 승려가 아니 되는 것이요, 혹 부모 없는 불쌍한 아이나 **사주**四柱를 보아서 단명短命한다는 아이나, 죄罪를 짓고 망명亡命하는 사람이나, 혹 팔자가 낮은 사

굴갓 : 모자 위를 둥글게 대로 만든 갓. 벼슬을 가진 중이 씀.
검박儉朴**한** : 검소하고 소박한.
염주念珠 : 염불할 때 손으로 돌려서 염불하는 수효를 헤아리는 불구佛具.
단주短珠 : 짧은 염주.
송경誦經 : 불경[경전]을 욈.
바랑鉢囊 : 승려가 등에 지고 다니는 자루 모양의 큰 주머니.
동령動鈴 : 승려들이 걸식乞食하는 행위. 동냥.
문안問安 : 웃어른께 안부를 여쭘. 또는 그런 인사.
어육주초魚肉酒草 : 생선과 고기, 술과 담배.
팔자八字 : 사람의 타고난 운수. 생년월일시生年月日時를 사주四柱라 하고, 간지干支가 각각 두 자씩이므로 팔자라 함.
사주四柱 : 생년월일시를 근거로 길흉화복吉凶禍福 등을 예측하는 법.

람이나, 의식衣食이 없이 **걸식**乞食하는 사람이나 이러한 유類가 다 승려가 되는 것이라 하며, 승려 중에도 공부를 잘하여 도승道僧이 되고 보면 사람 사는 집터나 **백골**白骨을 장사하는 묘지墓地나 **호풍환우**呼風喚雨나 **이산도수**移山渡水하는 것을 마음대로 한다고도 하지마는, 그런 사람은 천千에 1인一人이요, 만萬에 1인一人이 되는 것이니, 불법佛法이라 하는 것은 허무한 도道요, 세상 사람은 못하는 것이라 하며, 우리는 돈이 있다면 **주육**酒肉과 음악기구音樂器具를 준비하여 가지고 경치 찾아서 한 번씩 놀다 오는 것은 좋다고 하며, 누가 절에를 다닌다든지 승려가 된다든지 하면 그 집은 망亡할 것이라 하며, 시체屍體를 화장火葬하니 자손子孫이 도움을 얻지 못할 것이라 하며, 불법을 믿는 승려라면 사람은 사람이라도 별 다른 사람과 같이 아는 것이 조선 사회의 습관習慣이 되었나니, 이와 같은 조선에 어떠한 능력能力으로써 불교를 발전시키며 불법에 대한 호감好感을 갖게 하리오.

걸식乞食 : 음식 따위를 빌어먹음. 또는 먹을 음식을 빎. 탁발托鉢 · 행걸行乞이라고도 함.

백골白骨 : 죽은 사람의 몸이 썩고 남은 뼈.

호풍환우呼風喚雨 : 신통력으로 바람과 비를 불러일으킴.

이산도수移山渡水 : 신통력으로 산을 옮겨 다니고 강을 건너는 것.

주육酒肉 : 술과 고기.

이 말을 하고자 하는 이 사람도 과거 조선 사회의 한 사람으로 불교佛敎에 대한 상식이 없다가, 어떠한 생각 어떠한 인연으로 불교를 신앙하는 동시에 불교에 대한 약간의 상식이 있게 됨으로써 조선 승려의 실생활을 말하게 되었다.

그 생활을 들어 말하자면, **풍진세상**風塵世上을 벗어나서 산수山水 좋고 경치 좋은 곳에 정결한 사원寺院을 건축하고 존엄尊嚴하신 불상佛像을 모시고, 사방四方에 인연 없는 단순한 몸으로 몇 사람의 동지와 **송풍나월**松風蘿月에 마음을 의지하여 새소리 물소리 자연의 **풍악**風樂을 사면四面으로 둘러놓고, 세속 사람이 가져다주는 의식으로 근심 걱정 하나도 없이 등 다습게 옷 입고 배부르게 밥 먹고, 몸에는 수수한 수도복修道服 **흑의장삼**黑衣長衫을 입고, 어깨에는 비단 **홍가사**

풍진세상風塵世上 : 바람에 티끌이 날리 듯 어지러운 세상.

송풍나월松風蘿月 : '소나무 사이로 부는 바람과 담쟁이덩굴 사이로 비치는 달' 이라는 뜻으로, 운치 있는 자연 경치를 이르는 말.

풍악風樂 : 아름다운 소리 혹은 음악.

흑의장삼黑衣長衫 : 길이가 길고, 품과 소매가 넓은 검은 빛깔의 웃옷. 법의法衣.

홍가사紅袈裟 : 가사는 장삼 위에, 왼쪽 어깨에서 오른쪽 겨드랑이 밑으로 걸쳐 입는 법의. 홍가사는 붉은 빛의 가사.

紅袈裟에 **일월광**日月光을 놓아 둘러매고, 한 손에는 **파초선**芭蕉扇 또 한 손에는 단주短珠, 이와 같은 **위의**威儀로 목탁木鐸을 울리는 가운데 염불念佛이나 혹은 송경誦經이나 혹은 좌선坐禪이나 하다가, 수목樹木 사이로 있는 화려하고 웅장雄壯한 대건물大建物 중에서 몸을 내어놓고 **산보**散步하는 것을 보면, 조선 사람의 생활로써는 그 위에 더 좋은 생활은 없을 것이다.

그러면 승려가 되어서는 다 이와 같이 생활을 하였는가. 조선 일반 승려가 다 그러한 것은 아니나, 일반적으로 본다 하더라도 반수半數 이상은 이와 같은 생활을 하여 온 줄로 안다. 또는 내면內面에 들어가서 정신적 생활하는 것은 잘 알 수 없지마는, 불교의 교리와 제도된 것이 세간世間 생활生活을 본위本位로 한 것이 아니라 **출세간**出世間 **생활**生活을 본위로 하였나니, 출세간 생활이라 하는 것은 대개는 세간 생활

일월광日月光 : 가사의 등 뒤에 붙이는 수繡.
파초선芭蕉扇 : 외출할 때 햇볕을 가리기 위해 받쳐 들던 파초 잎 모양의 부채. 파초는 파초과의 여러해살이 풀.
위의威儀 : 위엄이 있는 몸가짐이나 차림새.
산보散步 : 산책散策과 같은 말. 휴식을 취하거나 건강을 위해서 천천히 걷는 일.
출세간出世間 **생활**生活 : 세속을 벗어나 수도에만 전념하는 생활.

과 같이 **번거**한 것이 없는 것임으로 정신적 생활도 또한 세속世俗 사람과는 차이가 있을 줄로 안다.

세속 풍진風塵 중에서는 혹 **만석**萬石을 받는 사람이나 혹 **재상**宰相이나 이러한 부귀富貴를 가진 사람이라도 그와 같이 한가한 생활 · 정결한 생활 · 취미 있는 생활은 하지 못할 것이요, 아무리 못난 승려 **빈천**貧賤한 사람이라도 **속가**俗家에 1, 2백 석을 받는 사람보다는 취미 있는 생활 · 한가한 생활을 하였다 할 것이다. 더구나 일반 **궁민**窮民들의 생활에 비하면 산중山中 승려 수도생활은 **천상선관**天上仙官의 생활이라 아니할 수 없다. 세속 사람으로 이만한 생활을 알고 보면 그 어찌 승려 되기를 원치 아니하리오.

번거 : 조용하지 못하고 어수선함.
만석萬石 : 곡식의 일만 섬. 아주 많은 곡식.
재상宰相 : 임금을 돕고 모든 관원을 지휘하고 감독하는 일을 맡아보던 이품 이상의 벼슬.
빈천貧賤 : 가난하고 천함.
속가俗家 : 불교를 믿지 아니하는 사람의 집. 승려가 되기 전에 태어난 집.
궁민窮民 : 생활이 어렵고 궁한 백성.
천상선관天上仙官 : 천상계 · 선경仙境에서 벼슬살이를 하는 신선.

제3장 석존釋尊의 지혜智慧와 능력能力

우리는 모든 중생衆生이 생사生死 있는 줄만 알고 **다생**多生이 없는 줄로 아는데 부처님께서는 생사 없는 이치理致와 **다생겁래**多生劫來에 한없는 생生이 있는 줄을 더 알으셨으며, 우리는 우리 일신一身의 본래 이치도 모르는데 부처님께서는 **우주만유**宇宙萬有의 본래 이치까지 더 알으셨으며, 우리는 **선도**善道가 무엇인지 **악도**惡道가 무엇인지 구별이 분명치 못하여 우리가 우리 일신을 악도에 떨어지게 하는데 부처님께서는 자신을 제도濟度하신 후에 **시방세계**十方世界 **일체중생**一切衆生을 악도에서 선도로 제도하는 능력이 계시며, 우리는 우리가 지어서 받는 **고락**苦樂도 모르는데 부처님께서

다생多生 : 여러 생.
다생겁래多生劫來 : 아주 오랜 시간 계속 된 여러 생.
우주만유宇宙萬有 : 우리가 살고 있는 공간인 우주와 그 안에 있는 유정[영식靈識이 있는 생명체] · 무정[영식이 있는 생명체를 제외한 만물] 모두.
선도善道 : 밝고 행복한 길. 또는 육도 중 천상 · 인간계의 윤회.
악도惡道 : 어둡고 괴로운 길. 또는 육도 중 지옥 · 아귀 · 축생 · 수라계의 윤회.
시방세계十方世界 : 시방에 있는 무수한 세계. 시방은 동 · 서 · 남 · 북 · 동북 · 동남 · 서북 · 서남 · 상 · 하의 열 가지 방향.
일체중생一切衆生 : 이 우주 안에 있는 모든 생명. 모든 사람. 깨치지 못한 범부중생.
고락苦樂 : 괴로움과 즐거움.

는 중생이 지어서 받는 고락과 우연히 받는 고락까지 알으셨으며, 우리는 **복락**福樂을 **수용**受用하다가도 못하게 되면 할 수 없는데 부처님께서는 못하게 되는 경우에는 복락을 또 오게 하는 능력이 있으시며, 우리는 지혜智慧가 어두웠든지 밝았든지 되는대로 사는데 부처님께서는 지혜가 어두워지면 밝게 하는 능력이 있으시고 밝으시면 계속하여 어두워지지 않게 하는 능력이 계시며, 우리는 **탐심**貪心**이나 진심**瞋心**이나 치심**痴心에 끌려서 잘못하는 일이 많이 있는데 부처님께서는 탐심 · 진심 · 치심에 끌리는 바가 없으시며, 우리는 우주만유 있는 데에 끌려서 우주만유 없는 데를 모르는데 부처님께서는 있는 데를 당할 때에 없는 데까지 아시며 없는 데를 당할 때에 있는 데까지 아르시며, 우리는 **천도**天道 · **인도**

복락福樂 : 행복함과 즐거움.

수용受用 : 받아 씀.

탐심貪心**이나 진심**瞋心**이나 치심**痴心 : 세 가지 해로운 마음[삼독심三毒心]. 탐심은 욕심내는 마음. 진심은 화내는 마음. 치심은 어리석은 마음.

천도天道 : 현실 세계에서 복을 많이 지은 사람이 태어나게 된다는 천상세계.

인도人道 : 육도 중 하나인 인간세계.

수라修羅 : 몸을 받지 못하고 떠돌아다니며 싸우기를 좋아하는 귀신세계.

축생畜生 : 고통이 많고 즐거움은 적으며 서로 싸우고 잡아먹는 짐승세계.

아귀餓鬼 : 탐욕심이 많은 사람이 죽어서 떨어진다는 악도세계.

지옥地獄 : 현실에서 악한 일을 한 사람이 죽어서 간다고 하는 세계.

육도六道 : 일체생령이 윤회하는 여섯 가지 세계.

人道 · **수라**修羅 · **축생**畜生 · **아귀**餓鬼 · **지옥**地獄 이 **육도**六道와 **태**胎 · **란**卵 · **습**濕 · **화**化 **사생**四生을 알지도 못하는데 부처님께서는 이 육도사생의 변화하는 이치까지 알으시며, 우리는 다른 물건을 해害하여 다가 우리를 좋게 하려고 하는데 부처님께서는 **사물**事物을 당當할 때에 **자리이타**自利利他로 하시다가 못하시게 되면 **이해**利害와 생사生死를 불고不顧하시고 **타물**他物을 이롭게 하는 것으로써 당신의 복락을 삼으시며, 우리는 몇 만석萬石을 받는다 하더라도 사방四方 주위 몇백 리 안이 자기의 소유所有가 될 것이요, 집으로 말하더라도 몇백 간 몇천 간밖에 자기의 소유가 아닐 것이며, **권속**眷屬으로만 말하더라도 몇십 명, 몇백 명밖에는 자기의 권속이 아닐 것인데 부처님께서는 시방세계가 다 부처님의 소유요, 시방세계의 모든 건물이 다 부처님의 건물이요, 시방세계의 일체 중생이 다 부처님의 권속이라 하셨으니, 이런 말을 보고 들

태란습화胎卵濕化 : 태를 통해 태어나는 것, 알로 태어나는 것, 습지에서 태어나는 것, 의지한데 없이 태어나는 것. 태생胎生, 난생卵生, 습생濕生, 화생化生.

사생四生 : 일체생령이 태어나는 네 가지 유형.

사물事物 : 일과 물건.

자리이타自利利他 : 나와 다른 사람이 함께 이로움.

이해利害 : 이롭고 해로운.

타물他物 : 다른 물건. 또는 자신에게 속하지 않은 물건.

권속眷屬 : 한집에 함께 사는 식구.

을 때에는 이해 없는 사람은 부황한 말이라 할 것이나, 아는 사람에 있어서는 **자자구구**字字句句가 다 **금언옥설**金言玉說로 알 것이다.

이 부처님의 지혜와 능력을 어리석은 중생의 입으로나 붓으로 어찌 다 **성언**成言하며 기록하리오 마는, 대략을 들어 중생제도衆生濟度하는 그 교리敎理를 말하자면, 높기로는 **수미산**須彌山 같고 깊기로는 **항하수**恒河水 같고 교리 **수효**數爻로는 항하사 모래수와 같고 넓고 크기로 말하면 우주만유를 다 포함하였나니, 우리 **불법신자**佛法信者는 이와 같은 부처님의 지혜와 능력을 얻어가지고 제도 중생하는 데에 노력하자는 바이다.

자자구구字字句句 : 각 글자와 각 글귀.
금언옥설金言玉說 : 금언을 더욱 강조하는 말. 금이나 옥처럼 매우 귀중하고 가치 있는 말씀.
성언成言 : 말로 표현함.
수미산須彌山 : 불교의 우주관 세계관에서 세계의 중앙에 있다는 산.
항하수恒河水 : 인도 갠지스강의 물.
수효數爻 : 낱낱의 수.
불법신자佛法信者 : 부처의 가르침을 믿는 사람.

제4장 **외방**外邦의 불교를 우리의 불교로

인도印度의 불교가 **지나**支那를 경유經由하여 조선에 왔는 지라, 조선 사람으로서는 그 경전經典을 볼 때에 사람 이름이나 땅 이름이나 물건 이름이나 일에 대한 말이나 이치理致에 대한 말이나 인도 **숙어**熟語와 **명사**名詞가 많으며 혹은 지나 숙어와 명사도 있으며, 또는 조선 사람이 일반적으로 배우기도 어렵고 알기도 어려운 한문으로써 경전이 대개 되어 있으므로, 그 경전을 풍토風土와 인심人心이 다른 이 지방에 내어놓고 유무식有無識 · 남녀노소男女老少를 망라하여 가르쳐 주기가 어려울 것이니, 우리는 인도 불교에도 끌리지 말고 지나 불교에도 끌리지 말고 조선 재래 불교에도 끌리지 말고, 오직 **교과서**教科書로 사용하는 **경론**經論을 국어나 조선 **통속**

외방外邦 : 외국外國과 같은 말.

인도印度 : 아시아 남부, 인도반도 대부분을 차지하는 공화국. 고대 문명과 불교의 발상지.

지나支那 : 중국을 일컫는 다른 이름들 중 하나.

숙어熟語 : 두 가지 이상의 낱말이 합하여 하나의 뜻을 나타내어 마치 하나의 낱말처럼 쓰이는 말.

명사名詞 : 사물의 이름을 나타내는 품사.

교과서教科書 : 교리 · 제도 · 역사 등을 교도들에게 가르치기 위한 기본경전.

경론經論 : 삼장[三藏, 불경을 이르는 경장經藏 · 부처가 제정한 계율의 조례條例를 모은 책인 율장律藏 · 불법을 논한 책인 논장論藏, 이 세 가지 불서佛書

어通俗語에 혹 한문漢文을 가하여 대중적이 되게 만들고 기타 모든 **고경**古經은 참고적으로 가르치자는 것이다.

를 통틀어 이르는 말] 가운데 경장과 논장.
통속어通俗語 : 통속적으로 쓰이는 말.
고경古經 : 옛 경전.

제5장 소수인小數人의 불교를 대중大衆의 불교로

재래在來 조선 불교는 출세간 생활을 본위本位로 하여 교리와 제도가 조직이 되었으므로, 세간 생활하는 속인俗人에 있어서는 모든 것이 서로 맞지 아니하고 반대같이 되었으며, 또는 세간 생활하는 속인 신자信者가 있다 할지라도 주체主體가 되지 못하고 **객관적**客觀的이므로, 그 중에서 특수한 사업과 특별한 공부를 한 사람이 있다면 이어니와, 그렇지 못한 보통 신자에 있어서는 출세간 공부하는 승려와 같이 부처님의 직통제자直統弟子로나 **불가**佛家의 조상으로 들어가기가 어렵게 되었으며, 또는 종교라 하는 것은 인간을 상대로 된 것인데 인간이 없는 곳에다가 **교당**敎堂을 두었으니 세간 생활에 **분망**奔忙한 그 사람들이 어느 여가에 세간을 벗어나서 그 교敎를 받을 것이며, 의식생활衣食生活에 있어서도 사士·농農·공工·상商의 원직업原職業을 놓아버리고 불공佛供이

객관적客觀的 : 자기와의 관계에서 벗어나 제삼자의 입장에서 사물을 보거나 생각하는. 또는 그런 것.

불가佛家 : 유교를 유가, 도교를 도가라고 하는 말에 대하여 불교를 불가라고도 함.

교당敎堂 : 교인들이 모여 각종 종교생활을 하는 장소. 여기에서는 산중의 사찰을 의미함.

분망奔忙 : 매우 바쁨.

나 **시주**施主나 동령動鈴으로써 생활을 하였으니 어찌 대중이 다할 생활이며, 또는 결혼에 있어서도 출세간 공부하는 사람은 절대로 금하게 되었느니, 어찌 그 생활이 또한 넓다 할 것인가.

그러므로 우리는 세간 공부하는 사람이나 출세간 공부하는 사람에 대하여 **주객**主客의 차별이 없이 공부와 사업의 등급等級만 따를 것이며, 또는 불제자佛弟子의 계통繼統하는 데에도 차별이 없이 직통으로 할 것이며, 수도修道하는 처소處所도 신자를 따라 어느 곳이든지 설치하여야 할 것이며, 의식주衣食住 생활에 들어가서도 각자의 처지를 따라 할 것이며, 결혼도 **자의**自意에 맡길 것이다.

출가出家를 하는 것도 특수한 경우를 제除한 외에 유년기幼年期에는 문자文字를 배우게 하고, 장년기壯年期에는 도학道學을 배우며 제도사업濟度事業에 노력하게 하고, 60이 넘어서는 경치 좋은 산중山中 사원寺院에 들어가서 세간世間의 **애**

시주施主 : 스님이나 절에 보시하는 행위.
주객主客 : 주인과 손. 주되는 것과 부차적인 것.
자의自意 : 자기의 생각이나 의견.
출가出家 : 세속의 인연을 버리고 수행생활에 들어감.
애착愛着 : 몹시 사랑하거나 끌리어서 떨어지지 아니함.
탐착貪着 : 만족할 줄 모르고 탐하는 마음을 버리지 못함.

착愛着 **탐착**貪着을 다 여의고 **생사대사**生死大事를 연마鍊磨하며, **불한불열**不寒不熱한 **춘추**春秋 6개월이 되고 보면 세간 교당을 순회巡廻하여 모든 신자로 하여금 선도善道에 나아가도록 교화敎化에 노력하며, **동하**冬夏 6개월이 되고 보면 출입出入을 중지하고 산중山中 생활에 들어가서 물소리 새소리 자연의 풍악風樂을 둘러놓고 이 **무삼도리**道理와 **나무아미타불**南無阿彌陀佛로 벗을 삼아 **여년**餘年을 마치고 보면 일생一生 생활에 결함된 점이 없을 것이며, 또는 **견성**見性 **양성**養性만 주主로 할 것이 아니라 **솔성**率性을 가하여 공부工夫의 요도要道와 **인생**人生**의 요도**要道를 만들어야 할 것이며, 기관機關에 들어가서도 시대와 인심人心을 따라 이 교리 이 제도를 운전하는데 결함됨이 없도록 하기로 하는 바이다.

생사대사生死大事 : 태어나고 죽는 일이 매우 큰일이라는 뜻.
불한불열不寒不熱 : 날씨가 춥지도 덥지도 아니하고 알맞게 따뜻함.
춘추春秋 : 봄과 가을.
동하冬夏 : 겨울과 여름.
무삼도리--道理 : 무슨 도리, 혹은 어떤 도리 어떤 이치.
나무아미타불南無阿彌陀佛 : 염불할 때 외우는 글귀로 '아미타 부처님께 귀의한다.'는 뜻.
여년餘年 : 여생[餘生, 앞으로 남은 인생]과 같은 뜻.
견성見性 : 본래 성품을 봄. 본래 자신이 부처임을 봄.
양성養性 : 본래 성품을 온전하게 지키고 회복함.
솔성率性 : 본래 성품을 바르게 발현시켜 사용함.
인생人生**의 요도**要道 : 사람으로서 마땅히 행해야 할 올바르고 요긴한 길.

제6장 **편벽**偏僻된 수행修行을 원만圓滿한 수행으로

재래 불교에서 신자에게 가르치는 과목科目은 혹은 경전經典을 가르치며, 혹은 **화두**話頭를 들고 좌선坐禪하는 법을 가르치며, 혹은 염불念佛하는 법을 가르치며, 혹은 **주문**呪文을 가르치며, 혹은 불공佛供하는 법을 가르치는데, 그 가르치는 본의本意가 모든 경전을 가르쳐서는 불교에 대한 교리나 제도나 역사를 알리기 위함이요, 화두를 들려서 좌선시키는 것은 경전으로 가르치기도 어렵고 말로 가르치기도 어려운 **현묘**玄妙한 진리를 깨치게 함이요, 염불과 주문을 읽게 하는 것은 번거한 세상에 사는 사람이 애착愛着 탐착貪着이 많아서 정도正道에 들기가 어려운 고로 처음 **불문**佛門에 오고 보면 번거한 정신을 통일시키기 위하여 가르치는 법이요, 불공법佛供法은 승려의 생활에 도움을 얻기 위하여 가르치나니, 신자에 있어서는 이 과목을 한 사람이 다 배워야 할 것인데

편벽偏僻 : 한쪽으로 치우쳐 공평하지 못함.

화두話頭 : 깨달음으로 이끌기 위한 의문을 일으키는 실마리[조목]. 불조佛祖의 법문, 대화, 일화 등.

주문呪文 : 무궁한 뜻이 있어 이를 외는 사람이 모든 재액에서 벗어나 불보살의 위력을 얻게 된다는 신비로운 글귀.

현묘玄妙 : 한없이 넓고 깊어 헤아릴 수 없이 미묘한 것.

불문佛門 : 부처의 문하.

불법에 대한 이해가 적은 사람은 이 과목 내에 혹은 한 과목이나 혹은 두 과목이나 가지고 서로 내가 옳으니 네가 그르니 시비가 분분하며, 각자가 서로 **당파**黨派를 지어서 초입자初入者의 신성信誠을 방해妨害하며 또는 신자의 통일을 방해하며 또는 일반 불교의 위신을 타락케 하여 발전에 대한 장해가 있게 되므로, 모든 과목을 통일하여 **선종**禪宗의 **천만화두**千萬話頭와 **교종**教宗의 모든 경전을 단련하여 번거한 화두와 번거한 경전은 다 놓아 버리고, 그 중에 제일 강령과 요지를 밝힌 화두와 경전으로 일과 이치理致에 **연구력**研究力 얻는 과목을 정하고, 염불·좌선·주문을 단련하여 정신 통일하는 수양과목修養科目을 정하고, 모든 **계율**戒律과 과보果報 받는

당파黨派 : 주의, 주장, 이해를 같이하는 사람들이 뭉쳐 이룬 단체나 모임.

선종禪宗 : 불경에 의하지 않고 참선을 통한 이심전심以心傳心의 묘법妙法으로 불립문자不立文字 · 직지인심直指人心 · 견성성불見性成佛을 강령으로 세운 종파.

천만화두千萬話頭 : 깨달음으로 이끌기 위한 의문을 일으키는 수많은 실마리[조목].

교종教宗 : 석가모니의 교법이 담긴 경전을 중심으로 종지를 세운 종파.

연구력研究力 : 천만사리를 분석하고 판단하는 데 걸림 없이 아는 지혜의 힘. 사리연구를 통해서 얻게 되는 혜력慧力.

계율戒律 : 악을 범하지 않도록 성자들이 제시한 규범.

양대은兩大恩 : 황은[皇恩, 황제의 은혜]과 불은[佛恩, 부처의 은혜]. 일제말기 조선총독부가 교단의 교서에 양대은의 명기를 요구해 방편상 수록하였다가 해방 후에 삭제함.

내역과 **양대은**兩大恩과 **사중은**四重恩을 단련하여 세간 생활에 적절한 **작업취사**作業取捨의 과목을 정하고, 모든 신자로 하여금 이 3대三大 과목을 병진竝進하게 하되, 연구과목을 단련하여 부처님과 같이 **이무애**理無碍 **사무애**事無碍하는 연구력을 얻게 하며, 수양과목을 단련하여 부처님과 같이 사물事物에 끌리지 않는 **정력**定力을 얻게 하며, 취사과목을 단련하여 부처님과 같이 불의不義와 정의正義를 분석하여 실행하는데 **취사력**取捨力을 얻게 하여, 이 **삼대력**三大力으로써 일상생활에 불공하는 자료를 삼아 모든 서원을 달성하는데 보감寶鑑을 삼게 하면 교리가 자연 통일될 것이요, 신자도 또한 통일이 될 줄로 믿는다.

사중은四重恩 : 없어서는 살수 없는 법신불의 네 가지[천지 · 부모 · 동포 · 법률] 중요한 은혜.

작업취사作業取捨 : 작업은 안이비설신의眼耳鼻舌身意 육근의 작용함을 뜻하며, 취사란 정의는 취하고 불의는 버림을 뜻함.

이무애理無碍 **사무애**事無碍 : 우주의 모든 이치와 인생의 모든 일에 걸리고 막힘이 없는 것.

정력定力 : 수양력[修養力, 천만경계를 응용할 때 흔들리지 않는 자주의 힘. 정신수양을 통해서 얻게 되는 힘]과 같은 말.

취사력取捨力 : 모든 일을 응용할 때에 정의는 용맹 있게 취하고, 불의는 용맹 있게 버리는 실행의 힘.

삼대력三大力 : 삼학수행을 아울러 닦아 얻은 세 가지 큰 힘. 수양력, 연구력, 취사력.

제7장 과거의 **예법**禮法을 현재의 예법으로

재래 **사찰**寺刹에서는 여러 가지 **형식불공**形式佛供이 많았으나, 우리는 법신불法身佛 일원상一圓相을 진리적으로 모시고 **사실불공**事實佛供을 위주 하는지라 재래의 번잡한 예법을 다 **준행**準行할 것이 없고, 또한 재래 불교는 출세간 생활을 본위로 하였는지라 세간 생활에 대한 예법을 많이 밝히지 아니하였으나, 우리는 불교를 대중화大衆化하기로 하는지라 세간 생활에 대한 예법을 더 밝혀야 할 것이다.

그러나 시대와 인심人心을 따라 과거에는 비록 **적절**適切한 예법이라도 현재에 와서는 적절치 못할 점이 있고, 현재에는 비록 적절한 예법이라도 미래에 가서는 적절치 못할 점이 있나니, 우리는 재래 불교의 예법에도 끌리지 말고, 세속世俗의

예법禮法 : 사람이 마땅히 지켜야 할 도리를 행하는 법도. 예의의 법칙.
사찰寺刹 : 불상을 모셔 놓고 불도佛道를 수행하여 교법을 펴는 장소. 절을 의미하는 사寺와 찰간[刹竿, 절 앞에 세우는 깃대 모양의 물건]의 준말인 찰刹의 합성어.
형식불공形式佛供 : 외형적인 절차나 의식에 치우친 불공.
사실불공事實佛供 : 사은 당처[바로 그 대상]에 사실적인 행동 · 실천을 통해서 하는 불공.
준행準行 : 어떤 사물을 표준으로 하여 그대로 행함.
적절適切 : 꼭 알맞게.

구례舊禮에도 끌리지 말고, 신구新舊 예법 간에 오직 시대와 인심에 적절한 예법을 연구하여 그 예법을 실행하는 대로 일반 사회에 발전을 도와주고 유익은 주게 할지언정, 그 반면에 그 예법을 행함으로써 사회 발전에 장애가 되고 우리의 생활을 해롭게 하는 예법은 개정改正하자는 것이니라.

구례舊禮 : 예전부터 전하여 내려오는 예법.

제8장 진리신앙眞理信仰과 석존숭배釋尊崇拜

우리는 법신불法身佛 일원상一圓相을 수행修行의 표본標本과 진리적眞理的 신앙信仰의 대상對象으로 모시고 **석가모니불**釋迦牟尼佛을 교주敎主로 **숭배**崇拜하나니, 그 이유는 **원상**圓相의 진리를 **오득**悟得하여 각자의 마음을 알자는 것이요, 또는 각자의 마음을 원상과 같이 **수호**守護하자는 것이요, 또는 각자의 마음을 원상과 같이 사용하자는 것이요, 또는 석가모니 불상佛像이 우리 모든 중생衆生의 원願을 따라 죄罪를 사赦하고 복福을 주신다는 것이 그 증거가 자상치 못함을 밝히기 위함이요, 또는 지혜智慧로운 자는 믿지 아니하고 어리석은 자는 더욱 어리석게 하는 미신迷信을 **타파**打破하기 위함이요, 또는 신자가 그 불상을 모시기로 하여도 조성造成하기가

진리신앙眞理信仰 : 우주와 인생의 궁극적인 진리에 대한 신앙, 기복신앙이나 미신신앙에 상대되는 말.

석가모니불釋迦牟尼佛 : 석가는 종족의 이름, 모니는 성자라는 뜻. 석가모니는 석가종족의 성자라는 뜻이고, 부처님[佛]이라는 말을 더 붙인 최대의 존칭.

숭배崇拜 : 우러러 공경함.

원상圓相 : 둥근 모습[○]. 소태산 대종사가 제시한 법신불의 상징. 일원一圓, 일원상一圓相 등으로 표현하기도 함.

오득悟得 : 깨달아 얻음.

수호守護 : 지키고 보존함.

타파打破 : 부정적인 규정, 관습, 제도 따위를 깨뜨려 버림.

어려움을 없게 하기 위함이오.

또한 석존釋尊을 교주로 숭배하자는 것은 **제불조사**諸佛祖師 **정전**正傳의 심인心印 즉 일원一圓의 진리를 오득하시와 우리에게 전해주신 그 은혜로써, 그 **등상불**等像佛은 모시지 아니하여도 유교儒敎에서 공자孔子님을 숭배하듯이 예수교에서 예수님을 숭배하듯이 하자는 것이나, 오득한 자에 있어서는 법신불과 석가모니불이 둘이 아닌 줄을 알 것이니라.

제불조사諸佛祖師 : 제불은 모든 부처, 조사는 불법을 깊이 수행하여 부처님의 뜻을 이어받아 전하는 사람.

정전正傳 : 바르게 전하고 이어받음.

등상불等像佛 : 부처님의 형상을 본떠 만든 불상.

제9장 불공佛供하는 법法

재래의 불공법佛供法과 같이 천지天地에게 당한 **죄복**罪福도 등상불等像佛에게 빌고, 부모父母에게 당한 죄복도 등상불에게 빌고, 동포同胞에게 당한 죄복도 등상불에게 빌고, 법률法律에 당한 죄복도 또한 등상불에게만 빌 것이 아니라. 우주만유宇宙萬有는 곧 법신불法身佛의 **응화신**應化身이니, 당하는 곳마다 불상[처처불상處處佛像]이요, 일일이 불공[사사불공事事佛供]법이 될지니, 천지에게 당한 죄복은 천지에게, 부모에게 당한 죄복은 부모에게, 동포에게 당한 죄복은 동포에게, 법률에 당한 죄복은 법률에 하는 것이 사실인 동시에 십중팔구十中八九는 성공하는 불공법이 될 것이다.

또는, 그 불공하는 기한期限에 있어서도 재래와 같이 막연히 한정限定 없이 할 것이 아니라, 수만數萬 세상世上을 하여야 성공될 일도 있고, 수천數千 세상을 하여야 성공될 일도 있고, 수백數百 세상을 하여야 성공될 일도 있고, 수십數十 세상을 하여야 성공될 일도 있고, 한 두 세상을 하여야 성공될 일도 있고, 수십 년數十年을 하여야 성공될 일도 있고, 수월

죄복罪福 : 죄와 복.
응화신應化身 : 응하여 나타난 모습. 인연 따라 구체화한 모습.

數月 수일數日을 하여야 성공될 일도 있을 것이니, 그 일의 성질을 따라 적당한 기한으로 불공하는 것이 또한 사실인 동시에 십중팔구는 반드시 성공하는 법이 될 것이니라.

(61쪽에서)

고불미생전古佛未生前 **응연일상원**凝然一相圓 : 옛 부처님 나기 전에도 응연하게 한 상은 둥글었네.중국 송宋나라 때의 자각선사慈覺禪師(종색宗賾, 1053~1113)가 '고불미생전古佛未生前 응연일상원凝然一相圓 석가유미회釋迦猶未會 가섭기능전迦葉豈能傳[옛 부처님 나기 전에도 응연하게 한 상은 둥글었네. 석가도 알지 못하는 걸 어찌 가섭이 전할까?]'이라고 함.

제10장 법신불法身佛 일원상一圓相 조성법造成法

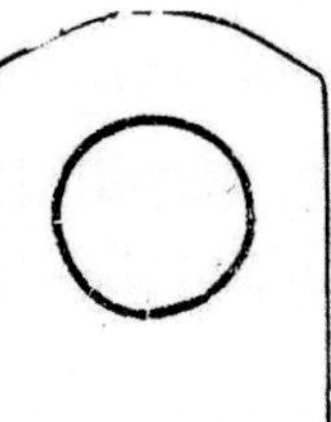

법신불法身佛의 **형상**形像을 그려 말하자면 곧 일원상一圓相이요, 일원상의 내역內譯을 말하자면 곧 양대은兩大恩이요, 그 내력을 또 말하자면 곧 사중은四重恩이니, 법신불 일원상을 숭배崇拜하기로 하면 각자各自의 형편을 따라 다음과 같은 모형模型으로 나무에 금金이나 먹[묵墨]으로 **각자**刻字를 하든지, 그렇지 못하면 비단이나 종이에 그려서 **족자**簇子를 하든지 하여 **벽상**壁上에 정결히 **봉안**奉安하고 심고心告와 기도祈禱를 행行할 것이니라.

형상形像 : 사물의 생긴 모양이나 상태.
각자刻字 : 글자를 새김. 또는 새긴 글자.
족자簇子 : 그림이나 글씨 따위를 벽에 걸거나 말아 둘 수 있도록 양 끝에 가름대를 대고 표구한 물건.
벽상壁上 : 벽면의 위쪽 부분.
봉안奉安 : 받들어 모셔 둠.
고불미생전古佛未生前 **응연일상원**凝然一相圓 : ⟵(60쪽으로)

제11장 **심고**心告와 **기도**祈禱

사람이 **출세**出世하여 세상을 살아가기로 하면 자력自力과 타력他力으로써 생활해 가나니, 자력은 타력의 근본이 되고 타력은 자력의 근본이 되므로, 자신할 만한 타력을 얻은 사람은 나무뿌리가 땅을 만남과 같은지라, 그러므로 우리는 자신할 만한 사은四恩의 은혜恩惠와 위력威力을 알았으니, 이 원만한 사은으로써 신앙의 근원을 삼고 즐거운 일을 당할 때는 감사感謝를 올리며, 괴로운 일을 당할 때는 **사죄**謝罪를 올리고, 결정하기 어려운 일을 당할 때에는 결정될 심고와 혹은 설명기도說明祈禱를 올리며, **난경**難境을 당할 때에는 **순경**順境될 심고와 혹은 설명기도를 올리고, 순경을 당할 때에는 간사姦邪하고 망녕妄佞된 곳으로 가지 않도록 심고와 혹은 설명기도를 하자는 것이다. 이 심고와 기도의 의미를 알아서

심고心告 : 천지신명天地神明, 신神, 부처, 법신불에게 마음으로 고告하여 기원함.

기도祈禱 : 천지신명, 신, 부처, 법신불에게 소원을 빌어서 가호와 위력을 구하는 것.

출세出世 : 세상에 태어남.

사죄謝罪 : 지은 죄나 저지른 잘못에 대하여 용서를 빎.

난경難境 : 힘들고 어려운 상황.

순경順境 : 순조롭고 편안한 상황.

정성精誠으로써 계속하면 **지성**至誠**이면 감천**感天으로 자연 사은의 위력威力을 얻어 원願하는 바를 이룰 것이며 낙樂있는 생활을 할 것이다.

그러나 심고와 기도하는 서원誓願에 위반違反이 되고 보면 도리어 사은의 위력으로써 죄벌罪罰이 있나니, 여기에 명심銘心하여 거짓된 심고와 기도를 안 하는 것이 심고와 기도의 내역을 아는 사람이라고 할 것이다.

심고와 기도하는 예例

'천지**하감지위**天地下鑑之位

부모하감지위父母下鑑之位

동포**응감지위**同胞應鑑之位

법률응감지위法律應鑑之位

피은자被恩者 모某는 사은四恩 전에 고백하옵나이다.' 하고 그 다음 상문上文 설명에 기재한 범위 내에서 각자의 **소회**所

지성至誠**이면 감천**感天 : 정성이 지극하면 하늘도 감동함.

하감지위下鑑之位 : 굽어 살펴주시기를 바라며 마음에 모시는 간절한 표현.

응감지위應鑑之位 : 감응[鑑應, 믿거나 비는 정성이 신령에게 통함]하여 주시기를 바라며 마음에 모시는 간절한 표현.

피은자被恩者 : 은혜 입은 사람.

소회所懷 : 마음속에 품은 바람.

懷를 따라 심고와 기도를 하되 **상대처**相對處가 있는 경우에는 묵상심고默想心告와 실지기도實地祈禱와 설명기도說明祈禱를 다할 수도 있고, 상대처가 없는 경우에는 묵상심고와 설명기도만 하는 것이니, 묵상심고는 자기 심중心中으로만 하는 것이요, 실지기도는 상대처를 따라 직접 **당처**當處에 하는 것이요, 설명기도는 여러 사람이 잘 듣고 감동이 되어 **각성**覺醒이 생기도록 하는 것이니라.

상대처相對處 : 상대[서로 마주 대함. 또는 그런 대상]와 같은 말. 상대라는 의미에 대상·처소의 의미를 붙인 말.

당처當處 : 바로 그 대상.

각성覺醒 : 깨어 정신을 차림.

教義
제2편 교의

제2편 교의教義

제1장 사대강령四大綱領

정각정행正覺正行
지은보은知恩報恩
불교보급佛教普及
무아봉공無我奉公

1. 사대강령四大綱領의 대의大義

정각정행正覺正行이라 하는 것은 일원一圓의 진리 즉 불조정전佛祖正傳의 심인心印을 오득悟得하여 그 진리를 **체**體 **받아서 안**眼 · **이**耳 · **비**鼻 · **설**舌 · **신**身 · **의**意 육근六根을 작용作用할 때 **불편불의**不偏不倚 **무과불급**無過不及한 **원만행**圓滿行을 하자는 것이며,

---

사대강령四大綱領 : 불법연구회[원불교] 교단의 지향점을 네 가지로 요약한 강령.
체體 **받아서** : 표준으로 삼아, 본받아서.
안이비설신의眼耳鼻舌身意 : 심신을 작용하는 여섯 가지 감각기관으로서 눈 · 귀 · 코 · 입 · 몸 · 뜻.
불편불의不偏不倚 : 한 편에 치우치거나 기울지 않음.
무과불급無過不及 : 지나치거나 모자람이 없음.
원만행圓滿行 : 원근친소와 희로애락에 끌리지 아니하고 법도 있게 행동하는 것.

지은보은知恩報恩이라 하는 것은 사람사람이 은혜 입기는 좋아하되 은혜주기는 싫어하며, 입은 은혜는 잘 잊어버리되 준 은혜는 잊어버리지 아니하며, 은혜를 준 후에 보답報答치 아니하는 것을 원망은 하되 은혜를 받은 후에 보답을 아니하면 원망하는 줄은 알지 못하는 것이, 비하건대 자기가 자녀子女의 자리에 있을 때에 그 부모父母의 은혜는 몰라주면서, 자기 자녀가 자기의 은혜 몰라주는 것은 잘 아는 것과 같이 서로 **탐**貪 · **진**瞋 · **치**痴에 끌려서 다른 사람의 사정事情은 알아 줄 여유도 없이, 다만 자기 생각 하나 뿐으로써 서로 원망하고 서로 미워하여 개인 · 가정 · 사회 · 국가에 **해독**害毒이 많이 미치게 되나니, 그러므로 원망할 일이 있거든 사중은四重恩으로 모든 은혜의 소종래所從來를 발견하여 원망할 일을 감사함으로써 그 은혜를 보답하자는 것이며,

불교보급佛教普及이라 하는 것은 재래在來와 같이 불제자佛弟子로서 불법佛法에 끌려 세상일을 못할 것이 아니라, 그 못할 일을 불제자가 됨으로써 잘 하자는 것이니, 다시 말하

탐진치貪瞋痴 : 세 가지 해로운 마음[삼독심三毒心]. 탐심貪心은 욕심내는 마음. 진심瞋心은 화내는 마음. 치심痴心은 어리석은 마음.
해독害毒 : 좋고 바른 것을 망치거나 언짢게 하여 손해를 끼치는 것.

자면 불제자가 됨으로써 세상에 **무용**無用한 사람이 될 것이 아니라, 그 불법을 사용함으로써 유용有用한 사람이 되어 개인·가정·사회·국가에 도움이 되고 보면, 그 불법은 자연히 보급된다는 것이며,

무아봉공無我奉公이라 하는 것은 자기나 자기 가족만을 위하려는 사상思想과 자유自由 **방종**放縱하는 사상을 버리고, 오직 **이타적**利他的 **대승행**大乘行으로써 일체중생一切衆生을 제도하는 데 **성심성의**誠心誠意를 다하자는 것이니라.

몰아 말하자면, 정각정행正覺正行을 하고 지은보은知恩報恩을 하고 불교보급佛敎普及을 하는 것은 다 무아봉공無我奉公을 하기 위함이니라.

무용無用 : 쓸모가 없음.

방종放縱 : 제멋대로 행동하여 거리낌이 없음.

이타적利他的 **대승행**大乘行 : 모두를 널리 이롭게 하려는 큰 뜻과 큰 안목의 실천행.

성심성의誠心誠意 : 참되고 성실한 마음과 뜻.

제2장 일원상一圓相

1. 일원상一圓相의 진리眞理

일원一圓은 우주만유宇宙萬有의 근본根本자리며, 제불조사諸佛祖師의 **본성**本性자리며, 범부중생凡夫衆生의 **불성**佛性자리며, **대소유무**大小有無에 분별分別이 없는 자리며, **생멸거래**生滅去來에 변함이 없는 자리며, **선악업보**善惡業報가 끊어진 자리며, **언어명상**言語名相이 **돈공**頓空한 자리로서 **공적영지**空寂靈知의 광명光明을 따라 대소유무에 분별이 나타나서 선악업보에 차별이 생겨나며, 언어명상이 **완연**宛然하여 **시방**

본성本性 : 본래 마음. 성품, 자성, 진성, 불성 등으로도 표현함.

불성佛性 : 모든 중생에게 본래 갖추어진 부처의 본성. 본래 마음. 자성.

대소유무大小有無 : 우주의 모든 이치를 이해하기 위한 기본적 인식의 틀. 대는 우주만물의 본체, 소는 우주의 삼라만상으로 나타난 차별세계, 유무는 우주만물의 조화 또는 변화.

생멸거래生滅去來 : 삶과 죽음의 끝없는 오고 감. 생사윤회.

선악업보善惡業報 : 선악의 업[행위]과 그에 따른 과보.

언어명상言語名相 : 말과 글과 이름과 형상.

돈공頓空 : 완전히 텅 빔. 어떤 표현으로도 드러낼 수 없음.

공적영지空寂靈知 : 텅 비어 고요한 가운데 신령스럽게 앎.

완연宛然 : 뚜렷하고 분명한 모양.

시방삼계十方三界 : 온 우주. 시방은 동·서·남·북·동북·동남·서북·서남의 8방과 상·하를 합친 전체 공간. 삼계는 욕계欲界, 색계色界, 무색계無色界로 중생들이 윤회하는 세계.

삼계十方三界가 **장중**掌中에 한 구슬같이 드러나고, **진공묘유**眞空妙有의 조화造花는 우주만유를 통해서 **무시광겁**無始曠劫에 **은현자재**隱現自在하는 것이 곧 일원상의 진리이다.

2. 일원상一圓相의 **신앙**信仰

일원상의 진리를 우주만유宇宙萬有의 근본根本자리로 믿으며, 제불조사諸佛祖師의 본성本性자리로 믿으며, 범부중생凡夫衆生의 불성佛性자리로 믿으며, 대소유무大小有無에 분별分別이 없는 자리로 믿으며, 생멸거래生滅去來에 변함이 없는 자리로 믿으며, 선악업보善惡業報가 끊어진 자리로 믿으며, 언어명상言語名相이 돈공頓空한 자리로 믿으며, 그 없는 자리에서 공적영지空寂靈知의 광명光明을 따라 대소유무에 분별이 나타나는 것을 믿으며, 선악업보에 차별差別이 생겨나는 것을 믿으며, 언어명상이 완연宛然하여 시방삼계十方三界가 장중掌中에 한 구슬같이 드러나는 것을 믿으며, 진공묘유眞

장중掌中 : 손바닥 안.
진공묘유眞空妙有 : 텅 빈 가운데 신묘하고 충만함.
무시광겁無始曠劫 : 시작도 끝도 없는 무한한 세월.
은현자재隱現自在 : 숨고 드러남이 걸림 없이 펼쳐짐.
신앙信仰 : 믿고 받드는 일. 종교생활의 기본적인 태도. 궁극적 진리, 부처님, 하나님 같은 성스러운 절대자를 믿고 복종하는 것.

空妙有의 조화造花는 우주만유를 통해서 무시광겁無始曠劫에 은현자재隱現自在하는 것을 믿는 것이 곧 일원상의 신앙이다.

3. 일원상一圓相의 수행修行

일원상의 진리를 신앙함으로써 수행의 **표본**標本을 삼나니, 그 방법은 일원상의 진리를 오득悟得하여 **원만구족**圓滿具足하고 **지공무사**至公無私한 각자의 마음 즉 **반야지**般若智를 알자는 것이며, 또는 일원과 같이 원만구족하고 지공무사한 각자의 마음 즉 반야지를 **양성**養成하자는 것이며, 또는 일원과 같이 원만구족하고 지공무사한 각자의 마음 즉 반야지를 사용하자는 것이 곧 일원의 수행이다.

수행修行 : 종교적 · 도덕적으로 큰 인격을 이루기 위해 취해지는 훈련방법. 수도修道 · 수신修身이라고도 함.

표본標本 : 본보기가 되고 표준이 되는 것.

원만구족圓滿具足 : 부족함도 결함도 없이 완전히 갖춤.

지공무사至公無私 : 지극히 공정하여 사사로움이 없음.

반야지般若智 : 모든 존재의 참된 실상을 아는 깨달음의 지혜, 또는 일과 이치를 통달한 지혜.

양성養成 : 기르고 회복하여 간직함.

4. **일원상서원문**一圓相誓願文

일원一圓은 **언어도단**言語道斷의 **입정처**入定處이요, **유무초월**有無超越의 **생사문**生死門인 바, 천지天地 · 부모父母 · 동포同胞 · 법률法律의 본원本源이요, 제불諸佛 · 조사祖師 · 범부凡夫 · 중생衆生의 **성품**性品으로 **능이성**能以成 **유상**有常하고 **능이성**能以成 **무상**無常하여 유상有常으로 보면 **상주불멸**常住不滅로 **여여자연**如如自然하여 **무량세계**無量世界를 전개展開하였고, 무상無常으로 보면 우주宇宙의 **성**成 · **주**住 · **괴**壞 · **공**空과

일원상서원문一圓相誓願文 : 일원의 위력을 얻고 일원의 체성에 합하기를 염원하고 다짐하는 글. 발원문.

언어도단言語道斷 : 말과 글의 길이 끊어졌다는 뜻. 생각으로 헤아릴 수 없고, 언어로 표현할 수 없음.

입정처入定處 : 모든 분별이 끊어지고 번뇌가 사라진 선정禪定의 경지.

유무초월有無超越 : 모든 존재의 있고 없는 변화를 넘어섬. 있다고도 할 수 없고 없다고도 할 수 없는 진리의 모습.

생사문生死門 : 마음과 만물이 생성하고 소멸하는 조화造化의 문.

성품性品 : 본래 마음. 자성, 본성, 진성, 불성 등으로도 표현함.

능이성能以成 **유상**有常 : 능히 유상으로 드러남. 유상은 영원불변함을 뜻함.

능이성能以成 **무상**無常 : 능히 무상으로 드러남. 무상은 끊임없이 생멸 변화함을 뜻함.

상주불멸常住不滅 : 항상 있어서 영원히 없어지지 않음.

여여자연如如自然 : 변함없이 그대로 있는 모습.

무량세계無量世界 : 헤아릴 수 없는 무한한 세계.

성주괴공成住壞空 : 우주 자연이 변화하는 순환 과정 또는 모습. 생성[成], 머물러 있음[住], 무너짐[壞], 소멸[空].

만물萬物의 생生·로老·병病·사死와 사생四生의 **심신작용**心身作用을 따라 육도六道로 변화變化를 시켜 혹惑은 **진급**進級으로 혹惑은 **강급**降級으로 혹惑은 **은생어해**恩生於害로 혹惑은 **해생어은**害生於恩으로 이와 같이 무량세계無量世界를 전개展開하였나니, 우리 어리석은 중생衆生은 차此 **법신불**法身佛 **일원상**一圓相을 체體 받아서 심신心身을 원만圓滿하게 수호守護하는 공부工夫를 하며, 또는 **사리**事理를 원만圓滿하게 아는 공부工夫를 하며, 또는 심신心身을 원만圓滿하게 사용使用하는 공부工夫를 **지성**至誠으로 하여 진급進級이 되고 은혜恩惠는 입을지언정, 강급降級이 되고 해독害毒은 입지 아니하기로써 일원一圓의 위력威力을 얻도록까지 서원誓願하고 일원一圓의 **체성**體性에 합合하도록까지 서원誓願함.

심신작용心身作用 : 몸과 마음을 사용함.
진급進級 : 수행 정진하여 중생세계에서 불보살 세계로 향상해 가는 것.
강급降級 : 수행을 게을리 하고 악업을 지어 타락하는 것.
은생어해恩生於害 : 해로움에서 은혜가 생겨남.
해생어은害生於恩 : 은혜에서 해로움이 생겨남.
법신불法身佛 **일원상**一圓相 : 원불교 신앙의 대상, 수행의 표본. 진리 부처님의 원만구족하고 지공무사한 모습.
사리事理 : 일과 이치.
지성至誠 : 지극한 정성. 지극히 성실함.
체성體性 : 법신불 자체. 법신불 본래 그 자리.

5. **일원상**一圓相 **법어**法語

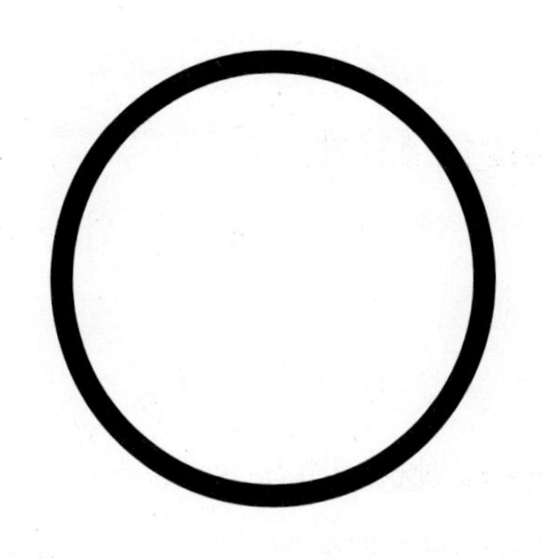

차此 **원상**圓相의 진리를 **각**覺하면 시방삼계十方三界가 다 **오가**吾家**의 소유**所有인 줄을 알며, 또는 우주만물宇宙萬物이 이름은 각각各各 다르나 둘이 아닌 줄을 알며, 또는 제불조사諸佛祖師와 범부중생凡夫衆生의 성품性品인 줄을 알며, 또는 생生 · 로老 · 병病 · 사死의 이치理致가 **춘**春 · **하**夏 · **추**秋 · **동**冬과 같이 되는 줄을 알며, **인과보응**因果報應**의 이치**理致가 **음양상승**陰陽相勝과 같이 되는 줄을 알며, 또는 원만구족圓滿具足한 것이며 지공무사至公無私한 것인 줄을 알리로다.

일원상一圓相 **법어**法語 : 일원상 진리를 깨달아 실천하는 경지에 대한 말씀.

차此 : 이 차此. 이.

원상圓相 : 둥근 모습[○]. 소태산 대종사가 제시한 법신불의 상징. 일원상一圓相, 일원一圓 등으로 표현하기도 함.

각覺 : 깨달음.

오가吾家**의 소유**所有 : 나의 소유.

춘하추동春夏秋冬 : 봄 · 여름 · 가을 · 겨울의 네 계절.

인과보응因果報應**의 이치**理致 : 지은 바[원인]에 따라 반드시 결과를 받게 되는 원리.

음양상승陰陽相勝 : 음과 양의 두 기운이 서로 밀고 밀어서 순환하는 것.

○ 차此 원상圓相은 눈을 사용할 때 쓰는 것이니 원만구족한 것이며 지공무사한 것이로다.

○ 차此 원상圓相은 귀를 사용할 때 쓰는 것이니 원만구족한 것이며 지공무사한 것이로다.

○ 차此 원상圓相은 코를 사용할 때 쓰는 것이니 원만구족한 것이며 지공무사한 것이로다.

○ 차此 원상圓相은 입을 사용할 때 쓰는 것이니 원만구족한 것이며 지공무사한 것이로다.

○ 차此 원상圓相은 몸을 사용할 때 쓰는 것이니 원만구족한 것이며 지공무사한 것이로다.

6. 일원상一圓相의 유래由來

자각선사慈覺禪師께서 이르시되 '고불미생전古佛未生前에 응연일상원凝然一相圓이라' 하였나니, 이로써 볼진대 고불古佛이 나기 전에도 일원상의 진리는 **엄연**儼然 존재存在하였고, 고불 **출세**出世 후에도 일원상의 진리는 여여如如하여 **시종**始終과 **고**

자각선사慈覺禪師 : 종색宗賾(1053~1113), 호는 자각慈覺. 중국 송宋나라 때의 승려.

엄연儼然 : 현상現象이 뚜렷하여 누구도 감히 부인할 수 없음.

출세出世 : 세상에 태어남. 불보살이 중생을 제도하려고 중생의 세계에 나타남.

시종始終 : 처음과 끝.

금古今이 없음을 가히 알지로다. 그러나 법法을 가르치기 위하여 형식形式으로써 이 일원상을 그려내신 분은 **육조대사**六祖大師 문하門下의 **남양혜충국사**南陽慧忠國師이시다[마조선사馬祖禪師도 당시에 원상圓相을 작作한 바 있었으나 거개擧皆가 혜충국사를 **위시**爲始라 함]. 국사가 이 일원상을 **탐원선사**耽源禪師에게 전하시고, 탐원선사는 다시 **앙산선사**仰山禪師에게 전하여 이 일원상이 마침내 **위앙종**潙仰宗의 **종요**宗要가 되였고, 그 후로 모든 선사들이 차此를

고금古今 : 예전과 지금.

육조대사六祖大師 : 혜능慧能(638~713). 중국 당唐나라 때의 승려. 선종禪宗 제6조이자 남종선南宗禪의 시조.

남양혜충국사南陽慧忠國師(?~775) : 당나라 때의 승려. 육조 혜능에게 인가를 얻고 남양의 백애산에서 수행 정진함.

마조선사馬祖禪師 : 도일道一(709~788). 당나라 때의 승려. 육조 혜능의 법을 받은 남악회양南岳懷讓으로부터 법을 이어받음.

위시爲始 : 여럿 중에서 어떤 대상을 첫자리 또는 대표로 삼음.

탐원선사耽源禪師 : 응진應眞(?~?). 당나라 때의 승려. 혜충국사의 법제자로 길주吉州 탐원산耽源山에서 수행 정진함. 혜적慧寂을 가르침.

앙산선사仰山禪師 : 혜적慧寂(807~883). 이칭이 앙산仰山, 당나라 때의 승려. 위산영우潙山靈祐와 함께 위앙종의 개조開祖.

위앙종潙仰宗 : 당나라의 때 형성된 선종禪宗 오가五家의 일파로 위산의 영우와 그 제자인 앙산의 혜적 이름을 따서 위앙종이라 부름.

종요宗要 : 종지[宗旨, 한 종교 · 종파의 가장 근본이 되고 중심이 되는 교의]의 요긴한 뜻.

많이 이용하여 **선가**禪家의 **본래면목**本來面目을 **표상**表象하는 한 가구家具가 되었나니라.

선가禪家 : 불교의 선종禪宗.

본래면목本來面目 : 본디의 모습. 순연한 본래 모습. 여기에서는 선종의 본래면목을 말함.

표상表象 : '본보기'로 순화. 대표로 삼을 만큼 상징적인 것.

제3장 **게송**偈頌

1. 게송

유有는 **무**無로 무無는 유有로
돌고 돌아 **지극**至極하면
유有와 무無가 **구공**俱空이나
구공俱空 역시亦是 **구족**具足이라.

게송偈頌 : 깨달음의 경지를 표현한 시구詩句.
유有 : 끊임없이 생멸 변화하는 현상의 세계. 무상無常. 변하는 자리.
무無 : 영원불변하는 본체의 세계. 유상有常. 불변하는 자리.
지극至極 : 더할 수 없이 극진함.
구공俱空 : 모두 텅 비어 있음. 유라고도 할 수 없고, 무라고도 할 수 없는 경지.
구족具足 : 온전히 갖추어 있음. 유와 무를 다 갖추고 있는 경지.

제4장 **사은**四恩

천지은天地恩

부모은父母恩

동포은同胞恩

법률은法律恩

제1절 천지은天地恩

1. **천지**天地 **피은**被恩의 **강령**綱領

우리가 천지에서 입은 은혜를 가장 쉽게 알고자 할진대 먼저 마땅히 천지가 없어도 이 존재存在를 **보전**保全하여 살 수 있을 것인가 하고 생각해 볼 것이다. 그런다면 아무리 **천치**天痴요 **하우자**下愚者라도 천지 없어서는 살지 못할 것은 다 인증認證할 것이다. 없어서는 살지 못할 관계가 있는 이 천

사은四恩 : 법신불 은혜의 네 가지 분류. 천지은, 부모은, 동포은, 법률은.
천지天地 : 하늘과 땅. 우주 또는 세상.
피은被恩 : 은혜 입음.
강령綱領 : 일의 근본이 되는 큰 줄거리.
보전保全 : 온전하게 보호하여 유지함.
천치天痴 : 지능이 아주 낮고 정신이 박약한 사람.
하우자下愚者 : 아주 어리석은 사람.

지가 오직이나 우리에게 큰 은혜가 되었느냐.

대범大凡, 천지에는 도道와 덕德이 있으니, 우주 내 모든 기관機關이 자동적으로 운행하는 것은 천지의 도道요, 그 도道가 행行하는 데에 나타난 결과는 천지의 덕德이라, 천지의 도道와 덕德은 지극至極히 밝은 것이며, 지극히 정성精誠한 것이며, 지극히 공정公正한 것이며, **순리자연**順理自然한 것이며, 광대무량廣大無量한 것이며, **영원불멸**永遠不滅한 것이며, **길흉**吉凶이 없는 것이며, **응용**應用**에 무념**無念한 것이니, 만물萬物은 이 **대도**大道가 **유행**流行되어 **대덕**大德이 나타난 가운데 그 생명을 지속持續하며 그 **형각**形殼을 보존保存하나니라.

대범大凡 : 무릇. 대체로.
순리자연順理自然 : 자연의 이치에 따라 순서 있게 저절로 운행 되는 것.
영원불멸永遠不滅 : 영원히 없어지지 아니하고 계속됨.
길흉吉凶 : 운이 좋고 나쁨.
응용應用**에 무념**無念 : 온갖 조화로 은혜를 베풀되 '베푼다.'는 생각이나 흔적이 없는 것.
대도大道 : 천지의 큰 도.
유행流行 : 널리 퍼져 운행됨.
대덕大德 : 천지의 큰 덕.
형각形殼 : 사물의 형체나 겉모양.

2. 천지 피은의 조목

1) 하늘의 공기가 있음으로써 우리가 호흡을 통하고 살게 됨이오.
2) 땅의 바탕이 있음으로써 우리가 형체形體를 의지依支하고 살게 됨이오.
3) 일월日月의 밝음이 있음으로써 우리가 **삼라만상**森羅萬象을 분별分別하여 알게 됨이오.
4) **풍**風 · **운**雲 · **우**雨 · **로**露 **지택**之澤이 있음으로써 만물萬物이 **장양**長養되어 그 산물產物로써 우리가 살게 됨이오.
5) 천지는 **생멸**生滅이 없음으로써 만물이 그 도道를 따라 **무한**無限**한 수**壽를 얻게 됨이니라.

3. 천지 **보은**報恩의 강령

사람이 그 은혜를 갚기로 하면 먼저 마땅히 그 도道를 체體 받아서 실행實行할 것이니라.

삼라만상森羅萬象 : 우주에 펼쳐져 있는 모든 존재와 현상.
풍운우로지택風雲雨露之澤 : 바람 · 구름 · 비 · 이슬의 은혜.
장양長養 : 크고 자라며 길러짐.
생멸生滅 : 우주 만물이 생기고 없어짐.
무한無限**한 수**壽 : 영원한 생명. 수명.
보은報恩 : 은혜에 감사하고 보답함.

4. 천지 보은의 조목

1) 천지의 지극至極히 밝은 도道를 체體 받아서 **천만사리**千萬事理를 연구研究하여 걸림 없이 알 것이오.

2) 천지의 지극히 정성精誠한 도道를 체 받아서 만사萬事를 작용作用할 때 **간단**間斷**없이 시종**始終**이 여일**如一하게 그 목적을 달達할 것이오.

3) 천지의 지극히 공정公正한 도道를 체 받아서 만사를 작용할 때 **원**遠 · **근**近 · **친**親 · **소**疏와 **희**喜 · **로**怒 · **애**哀 · **락**樂에 끌리지 아니하고 오직 **중도**中道를 잡을 것이오.

4) 천지의 순리자연順理自然한 도道를 체 받아서 만사를 작용할 때 합리合理와 불합리不合理를 분석分析하여 합리는 취하고 불합리는 **사**捨할 것이오.

5) 천지의 광대무량廣大無量한 도道를 체 받아서 **편착심**偏着心을 없이 할 것이오.

천만사리千萬事理 : 수많은 인간의 일과 우주의 이치.
간단間斷**없이** : 끊임없이.
시종始終**이 여일**如一 : 시작과 끝이 한결 같음.
원근친소遠近親疏 : 멀고 가깝고 친하고 친하지 아니함.
희로애락喜怒哀樂 : 기쁨과 노여움과 슬픔과 즐거움.
중도中道 : 한 편에 기울지 않고 넘치거나 모자람이 없이 꼭 알맞음.
사捨 : 버리다.
편착심偏着心 : 한 편에 치우쳐 집착하는 마음.

6) 천지의 영원불멸永遠不滅한 도道를 체 받아서 만물의 **변태**變態와 인생人生의 생生 · 로老 · 병病 · 사死에 **해탈**解脫을 얻을 것이오.

7) 천지의 길흉吉凶 없는 도道를 체 받아서 길吉한 일을 당할 때 흉凶할 일을 발견하고, 흉한 일을 당할 때에 길할 일을 발견하여, 길흉에 끌리지 않을 것이오.

8) 천지의 응용무념應用無念한 도道를 체 받아서 **동정 간**動靜間 **무념지도**無念之道를 양성養成할 것이며, 정신 · 육신 · 물질 3방면으로 은혜를 베푼 후 그 **관념**觀念과 **상**相을 없이 할 것이며, 혹 저 **피은자**被恩者가 **배은망덕**背恩忘德을 하더라도 전에 은혜 베풀었다는 일로 인하여 더 미워하고 원수를 맺지 아니할 것이니라.

변태變態 : 변화하는 모습.
해탈解脫 : 모든 속박에서 벗어난 자유로움.
동정 간動靜間 : 일이 있을 때와 없을 때. 언제 어디서나 항상.
무념지도無念之道 : 집착이나 흔적이 없는 허공 같은 마음의 도.
관념觀念 : 일이 지난 뒤에도 남아 있는 생각.
상相 : 집착으로 마음에 남아있는 흔적.
피은자被恩者 : 은혜 입은 사람.
배은망덕背恩忘德 : 남에게 입은 은덕을 저버리고 배신하는 태도가 있음.

5. 천지 배은背恩

천지의 피은被恩 · 보은報恩 · **배은**背恩을 알지 못하는 자와 설사 안다 할지라도 보은의 실행實行이 없는 자이니라.

6. 천지 보은에 대한 **의두**疑頭 해석解釋

◆천지는 우리에게 은혜를 입혔거늘 우리는 한갓 천지의 도를 본받아 행行한 것만으로 어찌 보은이라 할 것인가?

⇒이에 대하여 간단히 한 예를 들어 말한다면, 과거 **불보살**佛菩薩의 **회상**會上에나 **성현군자**聖賢君子의 **문정**門庭에 그 제자가 선생의 가르치신 은혜를 받은 후 설사 물질의 보수는 없다 할지라도, 그 선생의 아는 것을 다 알고 행하는 것을 다 행하여 선생의 사업을 능히 계승繼承하게 된다면 우리는 그를 일러 선생의 보은자라 할 것인가, 배은자라 할 것인가. 이것을 미루어 생각할 때에 천지의 도道를 본받아 행함이 천지의 보은이 될 것임을 가히 알 것이다.

배은背恩 : 은혜를 저버림.
의두疑頭 : 화두話頭 · 공안公案과 같은 뜻. 진리를 깨치기 위해 갖는 큰 의심.
불보살佛菩薩 : 부처와 보살. 일체중생을 구제하는 성인을 통칭하는 말.
회상會上 : 종교 교단. 영산회상의 줄임말.
성현군자聖賢君子 : 성인과 현인, 학식과 덕행德行이 높은 사람을 지칭.
문정門庭 : 대문이나 중문 안에 있는 뜰. 여기서는 문하門下를 뜻함.

7. 천지 보은의 결과

우리가 천지 보은의 조목을 일일이 실행하여 천지에 보은을 한다면, 천지와 내가 둘이 아니요, 내가 곧 천지일 것이며 천지가 곧 나일지니, 저 하늘은 비록 **공허**空虛하고 땅은 차라리 침묵하여 직접 복락福樂은 내리지 않는다 하더라도, 자연 천지 같은 위력威力과 천지 같은 수명壽命과 일월日月 같은 밝음을 얻어 **인천대중**人天大衆과 세상은 곧 천지 같이 **우대**優待할 것이니라.

8. 천지 배은의 결과

우리가 만일 천지에 배은을 한다면 곧 천벌天罰을 받게 될 것이니, 알기 쉽게 그 예를 든다면 그 **천도**天道를 본받지 못함에 따라 **응당**應當 **사리 간**事理間에 무식無識할 것이며, 매사每事에 정성이 적을 것이며, 매사에 **과불급**過不及한 일이 많을 것이며, 매사에 불합리不合理한 일이 많을 것이며, 매사에

공허空虛 : 텅 비어 생각이 없음. 무심함.
인천대중人天大衆 : 인간계와 천상계의 수많은 대중.
우대優待 : 특별히 잘 대우함.
천도天道 : 천지의 도.
응당應當 : 마땅히. 당연히. 꼭. 으레.
사리 간事理間 : 일[事]과 이치[理] 사이.
과불급過不及 : 지나치거나 모자람.

편착심偏着心이 많을 것이며, 만물萬物의 변태變態와 인간의 생·로·병·사와 **길**吉·**흉**凶·**화**禍·**복**福을 모를 것이며, 덕德을 써도 상相에 집착執着하여 안으로 자랑하고 밖으로 자만自慢할 것이니, 이러한 사람의 앞에 어찌 **죄해**罪害가 없으리오. 천지는 또한 **공적**空寂하다 하더라도 우연히 돌아오는 **고**苦나 자기가 지어서 받는 고는 곧 천지 배은에서 받는 **죄벌**罪罰이니라.

제2절 부모은父母恩

1. 부모父母 피은被恩의 강령

우리가 부모에게서 입은 은혜를 가장 쉽게 알고자 할진대, 먼저 마땅히 부모가 아니어도 이 **형체**形體를 이 세상에 나타내게 되었으며 설사 나타났더라도 자력自力 없는 우리로서 저절로 **장양**長養될 수 있을 것인가 하고 생각해 볼 것이니,

길흉화복吉凶禍福 : 길흉[운이 좋고 나쁨]과 화복[재앙과 복록. 좋은 일과 나쁜 일]을 아울러 이르는 말.
죄해罪害 : 죄벌과 해로움.
공적空寂 : 텅 비고 고요하여 무심한 듯함.
고苦 : 괴로움. 고통.
죄벌罪罰 : 죄에 대한 형벌.
형체形體 : 물건의 생김새나 그 바탕이 되는 몸체. 여기에서는 육신[몸]을 말함.
장양長養 : 양육하여 성장시킴.

그런다면 누구를 물론하고 그렇지 못할 것은 다 인증할 것이다. 부모가 아니면 이 형체를 나타내지 못하고 장양되지 못하게 된다면 그같이 큰 은혜가 또 어디 있으랴.

대범大凡, 사람의 생사生死라 하는 것은 **자연**自然**의 공도**公道요 **천지**天地**의 조화**造化라 할 것이지마는, 무자력無自力한 때 **생육**生育의 대은大恩과 **인도**人道**의 대의**大義를 가르쳐 주심은 곧 부모의 피은이니라.

2. 부모 피은의 조목

1) 부모가 있음으로써 **만사만리**萬事萬里의 근본根本되는 이 형체形體를 얻게 됨이오.
2) 모든 사랑을 이에 다 하사 온갖 수고를 잊으시고 자력을 얻을 때까지 양육하고 보호하여 주심이오.
3) 사람의 할 의무와 책임을 가르쳐 인류 사회로 지도指導하심이니라.

자연自然 **의 공도**公道 : 자연이 운행되는 공변된 이치로 누구나 밟지 않을 수 없는 길.

천지天地 **의 조화**造化 : 천지가 만물을 생성, 변화 시키는 작용.

생육生育 : 낳고 기름.

인도人道 **의 대의**大義 : 사람으로서 마땅히 행해야 할 도리.

만사만리萬事萬理 : 모든 일[事]과 이치[理].

3. 부모 보은報恩의 강령

무자력할 때 피은의 도道를 보아서 힘이 미치는 대로는 무자력한 사람에게 보호를 줄 것이니라.

4. 부모 보은의 조목

1) **공부**工夫**의 요도**要道를 지내나서 인생人生의 요도要道를 **유루**遺漏 없이 밟을 것이오[공부의 요도는 **삼학**三學과 **팔조**八條요, 인생의 요도는 사은四恩과 사요四要를 이름임].

2) **생부모**生父母가 무자력하여 자녀의 **시봉**侍奉이 아니고는 어찌할 수 없는 경우에 이르고 보면 힘에 미치는 대로는 **심지**心志**의 안락**安樂과 **육체**肉體**의 봉양**奉養을 드릴 것이오.

공부工夫**의 요도**要道 : 몸과 마음을 닦는[수행] 올바르고 요긴한 길.

유루遺漏 : 빠져 나가거나 새어 나감. '빠짐'으로 순화.

삼학三學 : 부처의 인격에 이르도록 하는 세 가지. 113쪽 참조.

팔조八條 : 삼학수행을 촉진하는 신信 · 분忿 · 의疑 · 성誠과 방해하는 불신不信 · 탐욕貪慾 · 나懶 · 우愚. 120쪽 참조.

사요四要 : 은혜를 사회적으로 실현하여 평등세계를 건설하는 네 가지 요긴한 길. 102쪽 참조.

생부모生父母 : 친부모. 본생부모.

시봉侍奉 : 모시어 받듦.

심지心志**의 안락**安樂 : 마음과 뜻이 편안하고 즐거움.

육체肉體**의 봉양**奉養 : 의식주와 건강 등 생활이 편안하도록 받들어 모심.

3) 힘에 미치는 대로는 생부모生父母가 생존生存하시거나 **열반**涅槃하신 후나 무자력無自力한 타인他人의 부모라도 내 부모와 같이 보호할 것이오.

4) 부모가 열반涅槃하신 후는 **역사**歷史와 **영상**影像을 봉안奉安하였다가 매년 열반기념식涅槃紀念式을 행行할 것이니라.

5. 부모 배은背恩

부모의 피은被恩·보은報恩·배은背恩을 알지 못하는 자와 설사 안다 할지라도 보은의 실행이 없는 자이니라.

6. 부모 보은에 대한 의무 해석

◆공부의 요도를 지내나서 인생의 요도를 밟음이 어찌 부모 보은이 될 것인가?

⇒공부의 요도를 밟으면 부처의 **지견**知見을 얻을 것이요, 인생의 요도를 밟고 나면 부처의 행行함을 얻을지니, 자녀

열반涅槃 : 돌아가심. 죽음.
역사歷史 : 삶의 자취. 행적.
영상影像 : 열반인의 초상이나 사진. 영정影幀과 같은 말.
지견知見 : 지혜와 식견.
지행知行 : 지식과 행동. 아는 것과 실천하는 것.

된 자로서 부처의 **지행**知行을 얻어 부처의 사업을 이룬다면 그 **영명**令名이 넓은 세상에 드러나서 자연 부모의 은혜까지 드러나게 될 지라, 이리된다면 그 자녀로 말미암아 그 부모의 영명이 **천추**千秋에 **영전**永傳하여 만인의 **존모**尊慕할 바 될 지니, 어찌 단촉한 일생에 시봉侍奉만 드린 것에 비하리오. 고로 이는 실로 **무량**無量한 보은이 될 것이니라.

◆무자력無自力한 타인他人의 부모를 봉양奉養함이 어찌 내 부모의 보은이 될 것인가?

⇒이에 대하여는 과거 **불설**佛說에 이르되 사람의 육체는 **생**生 · **멸**滅 · **성**盛 · **쇠**衰가 있으나 **일점**一點의 **정령**精靈은 **불생불멸**不生不滅하여 기회를 따라 때때로 나툰다 하였으니, 이로써 보면 과거 미래 수천數千 만겁萬劫을 통하여 정定하였

영명令名 : 좋은 명성이나 명예.
천추千秋 : 오래고 긴 세월.
영전永傳 : 오래 전해짐.
존모尊慕 : 존경하여 그리워함.
무량無量 : 정도를 헤아릴 수 없을 만큼 많음.
불설佛說 : 부처가 가르친 말.
생멸성쇠生滅盛衰 : 생겨나고 없어짐, 흥성하고 쇠퇴함.
일점一點 : 한 점. 한 방울.
정령精靈 : 근원되는 신령스러운 기운.
불생불멸不生不滅 : 생겨나지도 않고 없어지지도 않는다는 뜻으로 변함이 없는 진리의 실상을 뜻함.

던 부모와 정할 부모가 실로 한限이 없고 수數가 없을 지라, 이 많은 부모의 은혜를 어찌 현생現生 부모 한두 분의 은혜를 갚음으로써 다하였다 하리오. 그러므로 현생 부모가 생존生存하시거나 열반하신 후나 힘에 미치는 대로 무자력한 타인 부모 보호법을 쓰면 이는 과거 · 현재 · 미래 삼세三世 일체一切 부모의 **심중**深重한 은혜를 갚음이 되나니라.

7. 부모 보은의 결과

우리가 부모 보은을 한다면, 나는 내 부모에게 보은을 하였건마는 세상은 자연 나를 위爲하고 귀貴히 알 것이며, 사람의 자손子孫은 선악 간善惡間에 반드시 그 부모의 행行하는 것을 본받아 행하는 것이 피할 수 없는 이치인지라, 나의 자손도 마땅히 나의 보은하는 도道를 받아 나에게 효성孝誠할 것은 물론이요, 또는 **무자력자**無自力者를 보호한 결과 **세세생생**世世生生 **거래 간**去來間에 혹或 나의 무자력한 때가 있다 할지라도 항상 **중인**衆人의 도움을 받을 것이니라.

심중深重 : 심각[深刻, 마음에 깊이 새겨 두는 일]하고 중대함.
무자력자無自力者 : 정신, 물자, 재산 따위를 댈 만한 능력이 없는 사람.
세세생생世世生生 : 태어나고 죽음을 되풀이 하는 수많은 생애.
거래 간去來間 : 가고 오는 동안, 즉 사람이 죽고 태어나는 동안.
중인衆人 : 여러 사람. 많은 사람.

8. 부모 배은의 결과

우리가 만일 부모에게 배은을 한다면 나는 내 부모에게 배은을 하였건마는 세상은 자연 나를 미워하고 배척排斥할 것이요, 당장 제가 낳은 제 자손도 그 도를 본받아 직접 **앙화**殃禍를 끼칠 것은 물론이며, 또는 세세생생 거래 간에 혹 나의 무자력한 때가 있다 할지라도 항상 중인의 버림을 받을 것이니라.

제3절 동포은同胞恩

1. **동포**同胞 피은被恩의 강령

우리가 동포에게 입은 은혜를 가장 쉽게 알고자 할진대 먼저 마땅히 **초목**草木도 없고 **금수**禽獸도 없고 사람도 없는 곳에 나 혼자라도 살 수 있을 것인가 하고 생각해 볼 것이니, 그런다면 누구나 다 살지 못할 것은 인증認證할 것이다. 만일,

---

앙화殃禍 : 온갖 재앙과 해로움.

동포同胞 : 같은 포태[胞胎, 태내의 아이를 싸는 막]에서 태어나 살아가는 생명체를 의미하며, 좁게는 같은 모태母胎, 같은 종족으로부터 넓게는 자연의 포태를 공유하는 일체생령.

초목草木 : 풀과 나무. 모든 식물.

금수禽獸 : 날짐승과 길짐승. 모든 동물.

동포의 도움이 없이, 동포의 의지依支가 없이, 동포의 공급供給이 없이는 살 수 없다면 그같이 큰 은혜가 또 어디 있으랴.

대범大凡, 이 세상은 사士 · 농農 · 공工 · 상商의 네 가지 **생활강령**生活綱領이 있고, 사람은 그 강령 직업 하에서 활동하여, 각자의 소득으로써 천만물질을 서로 교환할 때 오직 자리이타自利利他로써 서로서로 도움이 되고 피은이 되었나니라.

2. 동포 피은의 조목

1) 사士는 천만기술을 배워 모든 학술로써 농 · 공 · 상을 지도 교육하여 줌이오.
2) 농農은 갈고 심어서 사 · 공 · 상의 의식 원료를 **작만**作滿하여 줌이오.
3) 공工은 각종 물품을 제조하여 사 · 농 · 상의 **주처**住處와 수용품을 공급供給하여 줌이오.
4) 상商은 천만물질을 교환하여 사 · 농 · 공의 생활에 편리를 도와줌이오.
5) **지어**至於 금수 초목까지라도 사람의 도움이 됨이니라.

생활강령生活綱領 : 사회적 역할 또는 직업의 큰 분류.
작만作滿 : 장만[필요한 것을 사거나 만들거나 하여 갖춤]을 한자를 빌려서 쓴 말.
주처住處 : 사람이 기거하거나 살아가는 장소.

3. 동포 보은報恩의 강령

동포에게 이미 이러한 자리이타自利利他로써 피은이 되었으니 그 은혜를 갚고자 할진대, 사 · 농 · 공 · 상이 천만기술을 서로 나누고 천만물질을 서로 교환할 때에 자리이타의 도道를 체體 받아서 항상 자리이타를 써야 할 것이니라.

4. 동포 보은의 조목

1) 사士는 농 · 공 · 상을 대하여 천만기술을 **교화**敎化할 때와 모든 **정사**政事를 할 때에 항상 공정公正한 입장에서 자리이타로써 **교제**交際할 것이오.
2) 농農은 사 · 공 · 상을 대하여 의식 원료를 제공할 때 항상 공정한 입장에서 자리이타로써 교제할 것이오.
3) 공工은 사 · 농 · 상을 대하여 주처와 수용품을 공급할 때 항상 공정한 입장에서 자리이타로써 교제할 것이오.
4) 상商은 사 · 농 · 공을 대하여 천만물질을 교환할 때 항상 공정한 입장에서 자리이타로써 교제할 것이오.

지어至於 : '심지어甚至於'와 같은 말.
교화敎化 : 사람을 가르쳐 바르게 변화시킴.
정사政事 : 정치 또는 행정상의 일.
교제交際 : 어떤 목적을 달성하기 위한 수단으로 남과 가까이 사귐.

5) 금수 초목까지라도 **연고**緣故 없이는 꺾고 살생하지 말 것이니라.

5. 동포 배은背恩

동포의 피은被恩 · 보은報恩 · 배은背恩을 알지 못하는 자와 설사 안다 할지라도 보은의 실행이 없는 자이니라.

6. 동포 보은의 결과

우리가 동포 보은을 한다면, 자리이타에서 감화感化를 받은 모든 동포가 서로 사랑하고 즐거워하여, 나의 자신도 **옹호**擁護와 우대優待를 받을 것이요, 개인과 개인끼리 사랑할 것이요, 가정과 가정끼리 친목親睦할 것이요, 사회와 사회끼리 **상통**相通할 것이요, 국가와 국가끼리 평화하여 결국 상상치 못할 이상의 세계가 될 것이나, 만일 전 세계 인류가 다 보은자報恩者가 되지 못할 때에, 혹 배은자背恩者의 작란作亂으로 인하여 모든 동포가 **고해**苦海 중에 들게 되면, **구세성자**

연고緣故 : 정당한 이유. 까닭.
옹호擁護 : 두둔하고 편들어 지킴.
상통相通 : 서로 막힘이 없이 길이 트임. 서로 마음과 뜻이 통함.
고해苦海 : 괴로움의 바다. 고통스러운 세상.
구세성자救世聖者 : 세상을 구원하는 성자.

救世聖者들이 **자비방편**慈悲方便을 베푸사 혹은 무력武力 혹은 정치政治 혹은 도덕道德으로 배은背恩 중생衆生을 **제도**濟度하게 되나니라.

7. 동포 배은의 결과

우리가 만일 동포에게 배은을 한다면, 모든 동포가 서로 미워하고 싫어하며 서로 원수가 되어 개인과 개인끼리 싸움이요, 가정과 가정끼리 **혐극**嫌隙이요, 사회와 사회끼리 **반목**反目이요, 국가와 국가끼리 평화를 보지 못하고 전쟁의 세계가 되고 말 것이니라.

자비방편慈悲方便 : 자비로운 마음으로 중생을 구제하기 위하여 사용하는 다양한 방법.

제도濟度 : 깨우쳐서 바른 길로 인도함.

혐극嫌隙 : 서로 미워하여 화목하지 못함.

반목反目 : 서로 대립하여 미워함.

제4절 법률은法律恩

1. **법률**法律 **피은**被恩의 강령

우리가 법률에서 입은 은혜를 가장 쉽게 알고자 할진대, 개인에 있어서 **수신**修身하는 법률과, 가정에 있어서 **제가**齊家하는 법률과, 사회에 있어서 사회 다스리는 법률과, 국가에 있어서 국가 다스리는 법률이 없고도 안녕질서安寧秩序를 유지하겠는가 생각해 볼 것이니, 그런다면 누구나 살 수 없다는 것은 다 인증할 것이다. 없어서는 살 수 없다면 그같이 큰 은혜가 또 어디 있으랴.

대범大凡, 법률이라 하는 것은 **인도정의**人道正義의 공정公正한 규칙規則을 이름이니, 인도정의의 공정한 규칙은 개인에 비치면 개인이 도움을 얻을 것이요, 가정에 비치면 가정이 도움을 얻을 것이요, 사회에 비치면 사회가 도움을 얻을 것이요, 국가에 비치면 국가가 도움을 얻을 것이요, 세계에 드러난 즉 세계가 도움을 얻을 것이니라.

법률法律 : 인도정의의 공정한 규칙[성현의 가르침도 포함]. 인간생활에 질서를 유지하기 위해 필요한 모든 규칙.

수신修身 : 심신을 바르게 닦음.

제가齊家 : 가정을 바르게 다스림.

인도정의人道正義 : 사람으로서 마땅히 행해야 할 올바른 도리.

2. 법률 피은의 조목

1) 사 · 농 · 공 · 상의 기관을 설치하고 **지도권면**指導勸勉에 전력專力하여, 우리의 생활을 보전保全시키며, 지식을 **함양**涵養케 함이오.

2) 시是 · 비非 · 이利 · 해害를 구분하여 불의不義를 **징계**懲戒하고 정의正義를 세워 안녕질서를 유지하여 우리로 하여금 평안平安히 살게 함이니라.

3. 법률 보은報恩의 강령

법률에서 입은 은혜가 금지하는 조건으로써 피은被恩이 되었으면 그 도道에 순응順應하고, 권장하는 조건으로써 피은이 되었으면 그 도道에 순응할 것이니라.

4. 법률 보은의 조목

1) 개인에 있어서는 수신修身하는 법률을 배워 행行할 것이오.

2) 가정에 있어서는 가정 다스리는 법률을 배워 행할 것이오.

3) 사회에 있어서는 사회 다스리는 법률을 배워 행할 것이오.

지도권면指導勸勉 : 가르치고 깨우쳐서 바른 길로 권장함.

함양涵養 : 능력이나 품성 따위를 길러 쌓거나 갖춤.

징계懲戒 : 허물이나 잘못을 뉘우치도록 나무라며 경계함.

4) 국가에 있어서는 국가 다스리는 법률을 배워 행할 것이니라.

5. 법률 배은背恩

법률의 피은被恩 · 보은報恩 · 배은背恩을 알지 못하는 자와 설사 안다 할지라도 보은의 실행이 없는 자이니라.

6. 법률 보은의 결과

우리가 법률 보은을 한다면, 우리 자신도 법률의 보호를 받아 갈수록 구속은 없어지고 자유를 얻게 될 것이며, 세상도 질서가 **정연**整然하고 사 · 농 · 공 · 상이 더욱 **익익**益益 발달하여 **무상**無上한 **안락장**安樂場이 될 것이며, 또는 **입법**立法 · **치법**治法의 은혜도 갚음이 될 것이니라.

정연整然 : 가지런하게 정돈되어 있음.
익익益益 : 더욱 이롭고 유익하게.
무상無上 : 지극히 존귀해서 더 이상 위가 없는 것.
안락장安樂場 : 평안하고 행복한 세상.
입법立法 : 법을 제정함.
치법治法 : 법으로써 다스림.

7. 법률 배은의 결과

우리가 만일 법률에 배은을 한다면, 우리 자신도 법률이 용서치 아니하여, 부자유不自由와 구속을 받게 될 것이요, 세상도 질서가 **문란**紊亂하여 **소란**騷亂한 **수라장**修羅場이 될 것이니라.

문란紊亂 : 도덕이나 질서, 규칙 등이 어지러움.
소란騷亂 : 야단스럽고 시끄러움. 술렁거리어 어수선함.
수라장修羅場 : 혼란하고 무질서한 세상. 아수라장.

제5장 **사요**四要

자력양성自力養成

지자본위智者本位

타자녀교육他子女教育

공도자숭배公道者崇拜

제1절 **자력양성**自力養成

1. 자력양성의 강령綱領

자력이 없는 어린이가 되든지, **노혼**老昏한 늙은이가 되든지, 어찌할 수 없는 병든 이가 되든지 하면 **이**ㄷ**어니와**, 만일 그렇지 아니한 이상에는 자력自力을 공부 삼아 양성養成하여 사람으로서 면할 수 없는 자기 의무와 책임을 지키는 동시에, 힘에 미치는 대로는 자력 없는 자에게 보호를 주자는 것이니라.

자력양성自力養成 : 정신의 자주력[自主力, 자기 일을 스스로 처리하는 힘], 육체의 자활력[自活力, 자기 힘으로 살아가는 힘], 경제의 자립력[自立力, 남에게 예속되거나 의지하지 아니하고 스스로 서는 힘]을 길러가는 수행.

노혼老昏 : 늙고 정신이 흐려짐.

이ㄷ**어니와** : 어쩔 수 없지만.

2. 과거 조선인의 **의뢰생활**依賴生活 조목

1) 부모 · 형제 · 부부 · 자녀 · 친족 중에 혹 자기의 이상 생활을 하는 사람이 있다하면, 그에 의지하여 놀고먹자는 것이며, 또는 의뢰를 구하여도 들어주지 아니하면 **동거**同居하자는 것이며, 또는 타인에게 **차금**借金을 쓰고 갚지 아니하면 **일족**一族이 전부 그 차금을 **반상**返償하다가 서로 못살게 되었으니, 그 어찌 자력생활을 하게 되었으리오.

2) 여자는 어려서는 부모에게 의지하고, 결혼 후에는 남편에게 의지하고, 늙어서는 자녀에게 의지하게 되며, 또는 권리가 동일치 못하여 남자와 같이 교육도 받지 못하였으며, 또는 **사교**社交의 권리도 얻지 못하였으며, 또는 재산에 대한 **상속권**相續權도 얻지 못하였으며, 또는

의뢰생활依賴生活 : 남에게 의지하는 생활. 자력이 없거나 생활 의지가 부족하여 부당하게 남에게 의지하여 살아가는 모습.
동거同居 : 한집이나 한방에서 같이 삶.
차금借金 : 돈을 꾸어 옴. 또는 그 돈.
일족一族 : 가족과 권속.
반상返償 : 꾼 것을 되돌려 갚음.
사교社交 : 여러 사람이 모여 서로 사귐.
상속권相續權 : 상속인이 가지는 법률에 따른 권리.

자기의 심신心身이지마는 **일동일정**一動一靜에 구속拘束과 압박壓迫을 면치 못하게 되었으니, 그 어찌 자력생활을 하게 되었으리오.

3. 자력자自力者로서 타력자他力者에게 권장할 조목

1) 자력자로서 의뢰依賴 구하는 자를 대할 때에 그 의뢰를 받아주지 아니할 것이오.
2) 부모로서 자녀에게 재산을 **분급**分給하여 줄 때에는, **장자**長子나 **차자**次子나 여자를 물론하고 그 재산을 받아 유지 못할 자를 제除한 외에는 다 같이 분급하여 줄 것이오.
3) 결혼 후 물질적 생활을 각자各自가 하게 할 것이며, 또는 서로 독특한 사랑을 주로 할 것이 아니라 각자의 의무와 책임을 주로 할 것이오.
4) 기타 모든 일을 경우와 국법國法에 따라 처리하되 과거와 같이 여자라고 구별할 것이 아니라 일에 따라 대우待遇하여 줄 것이니라.

일동일정一動一靜 : 일상생활 전반의 행위를 가리키는 말로 모든 동작.
분급分給 : 나누어 줌.
장자長子 : 첫째 아들.
차자次子 : 둘째 아들.

4. 자력양성의 조목

1) 남녀를 물론하고 어리고 늙고 병들고 하여 어찌할 수 없는 의뢰면 이어니와, 그렇지 아니한 이상에는 과거와 같이 의뢰생활을 하지 아니할 것이오.
2) 여자도 인류 사회에 활동할 만한 교육을 남자와 같이 받을 것이오.
3) 여자도 직업에 **근실**勤實하여 생활에 자유를 얻을 것이며, 또는 생부모生父母의 **생전사후**生前死後를 과거 장자의 예禮로써 같이 받들 것이오.
4) 차자次子도 생부모의 생전사후를 과거 장자의 예로써 같이 받들 것이니라.

제2절 **지자본위**智者本位

1. 지자본위의 강령

지자智者는 **우자**愚者를 가르치고, 우자는 지자에게 배우는 것이 원칙적으로 당연한 일이니, 어떠한 처지에 있든지 배울

근실勤實 : 부지런하고 착실함.
생전사후生前死後 : 살아 있는 동안과 죽고 난 이후.
지자본위智者本位 : 지식 있고 지혜로운 사람을 존중하여 배우고 받듦.
우자愚者 : 지식 없고 어리석은 사람.

것을 구求할 때에는 과거 불합리不合理한 차별제도差別制度에 끌릴 것이 아니라, 오직 구하는 자의 목적만 달達하자는 것이니라.

2. 과거 불합리한 차별제도의 조목

1) **반상**班常의 차별이오.
2) **적서**嫡庶의 차별이오.
3) 노소老少의 차별이오.
4) 남녀男女의 차별이니라.

3. 지자본위의 조목

1) **솔성**率性**의 도**道와 **인사**人事**의 덕행**德行이 자기 이상이 되고 보면 스승으로 알 것이오.
2) 모든 정사政事를 하는 것이 자기 이상이 되고 보면 스승으로 알 것이오.
3) 생활에 대한 지식이 자기 이상이 되고 보면 스승으로 알 것이오.

반상班常 : 양반과 평민[상사람].
적서嫡庶 : 적자와 서자. 본처의 자식과 첩의 자식.
솔성率性**의 도**道 : 마음을 다스리고 사용하는 도.
인사人事**의 덕행**德行 : 인간사를 처리하는 능력과 덕망.

4) 학문과 기술이 자기 이상이 되고 보면 스승으로 알 것이오.

5) 기타 모든 상식이 자기 이상이 되고 보면 스승으로 알 것이니라.

단, 지자본위의 조목에 해당한 자를 근본적으로 차별 있게 할 것이 아니라, 구求하는 때에 있어서 하자는 것이니라.

제3절 **타자녀교육**他子女教育

1. 타자녀교육의 강령

과거의 교육기관이 너무나 **편소**偏小하고, 또는 자타自他의 국한局限을 벗어나지 못하여 교육의 문명이 지체遲滯되었으므로, 그 교육의 기관을 확장擴張하고 자타의 국한을 벗어나서, **광막**廣漠한 세상에 교육의 문명을 촉진促進하고 모든 동포同胞로 하여금 한 가지 낙원樂園에 가도록 하자는 것이니라.

타자녀교육他子女教育 : 타인의 자녀라 할지라도 내 자녀와 같이 힘 미치는 데까지는 교육을 시키자는 정신.

편소偏小 : 한 편으로 치우쳐 있고 적음.

광막廣漠 : 넓고 아득함.

2. 과거 조선 교육의 결함缺陷 조목

1) 정부政府에서 **인민**人民에 대하여 적극적 교육을 시키지 못하였음이오.

2) 사회에서 교육에 대한 적극적 성의誠意와 권장勸獎이 없었음이오.

3) 교육의 제도가 여자는 가르치지 아니하고 남자만 가르치게 되였음이오.

4) 반상차별班常差別로 인하여 **하등**下等 **사람**은 교육에 대한 **생의**生意도 못하게 되였음이오.

5) 개인에 있어서도 무슨 교육이든지 자기 자손子孫은 혹 가르치나 교육을 받은 자로 교육의 혜택을 널리 드러내는 사람이 **희소**稀少하였음이오.

6) 언론과 통신기관이 불편不便한 데 따라 몇 십리十里에 대한 교육의 의견교환意見交換이 희소하였음이오.

7) **유산자**有産者가 자손교육에 혹 성의는 있으나, 자손이 없을 때는 없는 자손을 구하려 하며, 구하다 이루지 못

인민人民 : 국가나 사회를 구성하고 있는 사람들. 국민.

하등下等 **사람** : 평민[상사람].

생의生意 : 마음을 냄.

희소稀少 : 매우 드물고 적음.

유산자有産者 : 재산이 넉넉한 사람.

하면 **가산**家産을 탕진蕩盡하거나 음주飮酒 **남색**濫色으로 헛된 세상을 지내게 되였음이오.

8) **무산**無産한 사람은 혹 자손교육에 성의는 있으나, 자손이 많으면 먹이고 입히는 데 따라 교육할 능력이 없었음이니라.

3. 타자녀교육의 조목

1) 교육의 결함 조목이 없어지는 기회를 만난 우리는, **생자녀**生子女가 없다고 없는 자녀만 구할 것이 아니라, 타자녀라도 내 자녀와 같이 교육하기 위하여, 교육기관에 힘 미치는 대로 조력助力도 하며, 또는 사정事情이 허락되는 대로 자기가 낳은 폭 잡고 몇 명이든지 책임지고 교육할 것이오.

2) 자녀가 있는 사람으로서 자기 자녀를 가르치고도 또한 사정만 허락된다면 몇 명을 더 낳은 폭 잡고 책임지고 교육할 것이오.

3) 본本 회원會員으로서 타자녀교육의 조목을 단독적單獨的

가산家産 : 한집안의 재산.
남색濫色 : 지나치게 여색을 좋아함.
무산無産 : 재산이 넉넉하지 못함.
생자녀生子女 : 자신이 낳은 자녀.

으로 실행할 시時는 본회本會로부터 그 상황을 조사하여, 그 공적功績의 다소多少를 따라 표창表彰도 하고 대우待遇도 하여 줄 것이니라.

제4절 **공도자숭배**公道者崇拜

1. 공도자숭배의 강령

세계에서 공도자숭배를 극진極盡히 하면 세계를 위하는 공도자가 많이 날 것이요, 국가에서 공도자숭배를 극진히 하면 국가를 위하는 공도자가 많이 날 것이요, 사회에서 공도자숭배를 극진히 하면 사회를 위하는 공도자가 많이 날 것이요, 종교가에서 공도자숭배를 극진히 하면 종교를 위하는 공도자가 많이 날 것이니, 우리도 또한 본회本會를 위하여 여러 방면으로 **혜시**惠施한 사람의 공적功績의 등급等級을 따라, 재래在來 가정에서 자손子孫이 **조부모**祖父母에게 하는 예禮로써 생전사후生前死後를 조상으로 모시고 **숭배**崇拜하자는 것이니라.

공도자숭배公道者崇拜 : 공중을 위하여 헌신한 사람을 우대하고 존숭[尊崇, 높이 받들어 숭배함]과 경배[敬拜, 존경하여 공손히 절함]하는 것.

혜시惠施 : 은혜를 베푸는 것.

조부모祖父母 : 할아버지와 할머니.

숭배崇拜 : 우러러 공경함.

2. 과거 조선 **공도사업**公道事業의 결함 조목

1) 생활의 강령이고 공익公益의 기초인 사 · 농 · 공 · 상의 전문교육이 희소稀少하였음이오.
2) 이에 따라 사 · 농 · 공 · 상의 시설 기관이 희소하였음이오.
3) 종교의 교리와 제도가 대중적이 되지 못하였음이오.
4) 정부나 사회에서 공도公道 **헌신자**獻身者의 표창이 희소하였음이오.
5) 교육의 문명이 자력自力을 얻지 못하였으며 타력他力을 벗어나지 못하였음이오.
6) 타인他人을 해害하여 자기를 유익케 하는 마음과, 또는 원遠 · 근近 · 친親 · 소疏에 끌리는 마음이 심각深刻한 연고緣故이오.
7) 견문見聞과 상식이 적었음이오.
8) 가정에 헌신獻身하여 가정적으로 숭배함을 받는 것과, 공도에 헌신하여 공중적公衆的으로 숭배함을 받는 것이 무엇인지 아는 사람이 희소하였음이니라.

공도사업公道事業 : 공중[公衆, 사회의 대부분의 사람들]과 공익[公益, 사회 전체의 이익]을 위하는 사업.
헌신자獻身者 : 몸과 마음을 바쳐 있는 힘을 다한 사람.

3. 공도자숭배의 조목

1) 공도사업의 결함 조목이 없어지는 기회를 만난 우리는 가정사업과 공도사업을 구분하여, 같은 사업이면 자타自他의 국한局限을 벗어나서 공도사업을 할 것이오.

2) 대중을 위하여 공도에 헌신한 사람은 그 노력한 공적의 등급을 따라 **노쇠**老衰하면 **봉양**奉養하고, 열반 후는 **상주**喪主가 되어 **상장**喪葬을 부담하며, 영상影像과 역사歷史를 보관하였다가 매년 열반기념식涅槃紀念式을 행할 것이니라.

노쇠老衰 : 늙어서 쇠약하고 기운이 별로 없음.

봉양奉養 : 부모나 조부모와 같은 웃어른을 받들어 모심.

상주喪主 : 상례喪禮 때의 주장되는 사람.

상장喪葬 : 사람이 일생을 마치고 죽었을 때 장사 지내는 일과, 상중에 하는 모든 의식.

제6장 삼학三學

정신수양精神修養〈정定〉
사리연구事理研究〈혜慧〉
작업취사作業取捨〈계戒〉

제1절 정신수양精神修養

1. 정신精神의 요지要旨

정신精神이라 함은 마음이 두렷하고 고요하여 **분별성**分別性과 **주착심**住着心이 없는 때이니라.

2. 수양修養의 요지

수양修養이라 함은 안으로 분별성과 주착심을 없이하며 밖으로 **산란**散亂하게 하는 **경계**境界를 멀리하여 두렷하고 고요한 정신을 양성養成시킴이니라.

분별성分別性 : 나누고 구별하는 마음.
주착심住着心 : 머물러 집착하는 마음.
산란散亂 : 번뇌 망상으로 인하여 정신이 어지럽고 혼란스러운 것. 심란心亂이라고도 함.
경계境界 : 마음 작용을 일으키는 모든 대상. 환경. 조건.

3. 정신수양의 목적

유정물有情物이라 하는 것은 배우지 아니하되 근본적으로 알아지는 것과 근본적으로 하고자 하는 욕심이 있는데, 겸하여 **최령**最靈**한** 사람은 보고 듣고 배우고 하여 아는 것과 하고자 하는 것이 다른 동물에 몇 배 이상이 되므로 그 아는 것과 하고자 하는 것을 취取하자면 **예의염치**禮義廉恥와 공정公正한 법칙은 생각할 여유도 없이 자기에게 있는 권리와 기능과 무력武力을 다하여 욕심만 채우려 하다가 결국은 **가패신망**家敗身亡도 하며, **번민망상**煩悶妄想과 **분심초려**憤心焦慮로 자포자기自暴自棄의 **염세증**厭世症도 나며, 혹은 신경쇠약자神經衰弱者도 되며, 혹은 **실진자**失眞者도 되며, 혹은 극도極度에 들어가 자살自殺하는 자까지도 있게 되나니, 그런 고로 **천지만엽**千枝萬葉으로 벌여가는 이 욕심을 제거하고 **온전**穩全한 정

유정물有情物 : 영식[靈識, 신령스러운 앎]이 있는 생명체.
최령最靈**한** : 지능과 영적 능력이 매우 뛰어난.
예의염치禮義廉恥 : 예절, 의리, 청렴, 부끄러움을 아는 태도.
가패신망家敗身亡 : 집안이 망하고 몸을 망침. 패가망신.
번민망상煩悶妄想 : 번민은 마음이 번거롭고 괴로움, 망상은 산란하고 헛된 생각.
분심초려憤心焦慮 : 분한 마음과 초조한 생각.
염세증厭世症 : 삶을 비관하고 세상을 싫어하는 증세.
실진자失眞者 : 정신에 이상이 생긴 사람.
천지만엽千枝萬葉 : 천개의 가지와 만개의 잎. 여러 갈래로 나뉘어 어수선함.
온전穩全 : 본디. 그대로. 고스란히.

신을 얻어 **자주력**自主力을 양성하기 위하여 수양을 하자는 것이니라.

제2절 사리연구事理研究

1. 사事의 요지

사事라 함은 곧 인간의 **시비**是非와 **이해**利害를 이름이니라.

2. 이理의 요지

이理라 함은 곧 **천조**天造의 **대소유무**大小有無를 이름이니, 대大라 함은 **우주만물**宇宙萬物의 **본체**本體를 이름이요, 소小라 함은 **만상**萬象이 형형색색形形色色으로 구별區別되어 있음을 이름이요, 유무有無라 함은 천지天地의 춘春·하夏·추秋·동冬 **사시순환**四時循環과 **풍**風·**운**雲·**우**雨·**로**露·**상**

자주력自主力 : 마음에 주체가 확립되어 흔들리거나 끌려가지 않는 힘.
시비是非 : 옳음과 그름.
이해利害 : 이로움과 해로움.
천조天造 : 천지자연의 조화.
대소유무大小有無 : 우주의 모든 이치를 이해하기 위한 기본적 인식의 틀.
우주만물宇宙萬物**의 본체**本體 : 우주에 있는 모든 존재, 현상, 이치의 근본과 바탕. 우주만유의 본체와 같은 말.
만상萬象 : 삼라만상[우주 안에 있는 온갖 것의 일체]과 같은 말.
사시순환四時循環 : 봄·여름·가을·겨울 사시절이 돌고 돈다는 의미.

霜·**설**雪과 만물의 생生·로老·병病·사死와 **흥**興·**망**亡·**성**盛·**쇠**衰의 변태變態를 이름이니라.

3. 사리연구의 목적

이 세상은 대소유무大小有無의 **이치**理致로써 건설되고 시비이해是非利害의 일로써 운전해 가나니, 세상이 넓은 만큼 이치의 종류도 수가 없고, 인간이 많은 만큼 일의 종류도 한이 없다. 그러나 우리에게 우연히 돌아오는 고락苦樂이나 우리가 지어서 받는 고락은 각자의 **육근**六根을 운용運用하여 일을 짓는 결과이니, 우리가 일의 시비이해를 모르고 **자행자지**自行自止한다면 **찰나찰나**刹那刹那로 육근을 동작動作하는 바가 모두 **죄고**罪苦로 화化하여 **전정고해**前程苦海가 한限이 없을 것이요, 이치理致의 대소유무를 모르고 산다면 우연히

풍운우로상설風雲雨露霜雪 : 바람과 구름, 비와 이슬, 서리와 눈.
흥망성쇠興亡盛衰 : 흥하고 망하고 성하고 쇠함.
이치理致 : 사물의 정당한 조리條理. 도리에 맞는 취지.
육근六根 : 감각과 인식기관인 눈·귀·코·혀·몸·뜻.
자행자지自行自止 : 자기 마음대로 하고 싶으면 하고, 하기 싫으면 하지 않음.
찰나찰나刹那刹那 : 바로 그때, 그 순간.
죄고罪苦 : 지은 죄 때문에 받는 괴로움.
전정고해前程苦海 : 앞날이 괴로움으로 가득 참.

돌아오는 고락의 원인을 모를 것이며, 생각이 **단촉**短促하고 마음이 **편협**偏狹하여 생 · 로 · 병 · 사와 인과보응因果報應의 이치를 모를 것이며, 사실과 허위를 분간치 못하여 항상 **허망**虛妄하고 **요행**僥倖한 데 떨어져, 결국은 패가망신敗家亡身의 지경에 이르게 될지니, 우리는 천조天造의 **난측**難測**한** 이치와 인간의 **다단**多端**한** 일을 미리 연구하였다가 실생활에 다다를 때 빠르게 분석分析하고 밝게 판단判斷하여 알자는 것이니라.

제3절 작업취사作業取捨

1. 작업作業의 요지

작업作業이라 함은 **대소사**大小事 간에 안眼 · 이耳 · 비鼻 · 설舌 · 신身 · 의意 육근六根 작용作用함을 이름이니라.

단촉短促 : 짧고 얕음.
편협偏狹 : 치우치고 좁음.
허망虛妄 : 거짓되고 망령됨. 어이없고 허무함.
요행僥倖 : 뜻 밖에 얻는 행운.
난측難測**한** : 헤아리기 어려운.
다단多端**한** : 갈래가 많고 복잡한.
대소사大小事 : 크고 작은 일을 통틀어 이르는 말.

2. 취사取捨의 요지

취사取捨라 함은 정의正義는 취取하고 불의不義는 사捨하자는 것이니라.

3. 작업취사의 목적

정신精神을 수양修養하여 수양력修養力을 얻었고 사리事理를 연구硏究하여 연구력硏究力을 얻었다 하더라도, 실제 일을 작용作用하는 데 있어 실행을 하지 못하면 수양과 연구가 **수포**水泡로 돌아갈 뿐이요, 실효과實效果를 얻기가 어렵나니, 예를 들면 줄기와 가지와 꽃과 잎은 좋은 나무가 결실이 없는 것과 같다 할 것이다.

대범大凡, 우리 인류가 선善이 좋은 줄을 알되 선을 행치 못하며, 악惡이 그른 줄을 알되 악을 끊지 못하여 평탄平坦한 낙원을 버리고 험악險惡한 고해苦海로 들어가는 까닭은 그 무엇인가. 그것은 일에 당하여 시비是非를 몰라서 실행이 없거나, 설사 시비는 안다 하더라도 불같이 일어나는 욕심을 **제어**制禦치 못하거나, 철석鐵石같이 굳은 습관習慣에 끌리거

취사取捨 : 취取하고 버림[捨].
수포水泡 : 물거품. 헛된 노력.
제어制禦 : 감정, 충동, 생각 따위를 막거나 누름.

나 하여 악惡은 버리고 선善을 취하는 실행이 없는 까닭이니, 우리는 정의어든 **기어**期於**이** 취取하고 불의어든 기어이 사捨하는 실행공부를 시켜서, 싫어하는 고해는 피하고 바라는 낙원을 맞아 오게 하자는 것이니라.

기어期於**이** : 기어-코와 같은 말.

제7장 **팔조**八條

신信 · 분忿 · 의疑 · 성誠

불신不信 · 탐욕貪慾 · 나懶 · 우愚

제1절 진행사조進行四條

1. 신信

신信이라 함은 믿음을 이름이니, 만사萬事를 이루려 할 때 마음을 정定하는 **원동력**原動力이오.

2. 분忿

분忿이라 함은 용장勇壯한 전진심前進心을 이름이니, 만사를 이루려 할 때 **권면**勸勉하고 촉진促進하는 원동력이오.

팔조八條 : 삼학수행을 촉진하는 신 · 분 · 의 · 성과 방해하는 불신 · 탐욕 · 나 · 우.

진행사조進行四條 : 모든 일[삼학수행]이 잘 이루어지도록 촉진시키는 네 가지 조항.

원동력原動力 : 어떤 움직임의 근본이 되는 힘.

용장勇壯 : 용감하고 씩씩함.

권면勸勉 : 권하고 격려하여 실천하게 함.

3. 의疑

의疑라 함은 일과 이치에 모르는 것을 발견하여 알고자 함을 이름이니, 만사를 이루려 할 때 모르는 것을 알아내는 원동력이오.

4. 성誠

성誠이라 함은 간단間斷없는 마음을 이름이니, 만사를 이루려 할 때 그 목적을 달達케 하는 원동력이니라.

제2절 사연사조捨捐四條

1. 불신不信

불신不信이라 함은 신信의 반대로 믿지 아니함을 이름이니, 만사를 이루려 할 때 결정을 얻지 못하게 하는 것이오.

2. 탐욕貪慾

탐욕貪慾이라 함은 모든 일을 **상도**常道에 벗어나서 과히 취取함을 이름이오.

사연사조捨捐四條 : 모든 일[삼학수행]을 잘 하기 위해 버려야 할 네 가지 조항.
상도常道 : 떳떳한 도리. 합당한 정도.

3. 나懶

나懶라 함은 만사를 이루려 할 때 하기 싫어함을 이름이오.

4. 우愚

우愚라 함은 대소유무大小有無와 시비이해是非利害를 전연 알지 못하고 자행자지自行自止함을 이름이니라.

제8장 삼대력三大力

수양력修養力
연구력硏究力
취사력取捨力

우리가 삼학三學 팔조八條로 오래오래 공부를 계속하면, 결국 삼대력三大力을 얻어 인생人生의 요도要道를 실천할 때에 **자유자재**自由自在할 것이니라.

1. 수양력修養力

수양력이라 함은 정신이 **철석**鐵石**같이 견고**堅固**하여**, 천만경계千萬境界를 **응용**應用할 때 마음의 자주력自主力을 얻은 것이오.

2. 연구력硏究力

연구력이라 함은 천만사리千萬事理를 분석分析하는 데 걸

자유자재自由自在 : 자유롭고 거침이 없이 자기의 뜻대로 할 수 있음.
철석鐵石**같이 견고**堅固**하여** : 쇠와 돌과 같이 매우 굳고 단단하여.
응용應用 : 어떠한 원리를 실제로 활용하는 것.

림 없이 아는 **지혜력**智慧力을 얻은 것이오.

3. 취사력取捨力

취사력이라 함은 천만사리를 응용할 때 정의正義는 용맹勇猛 있게 취取하고 불의不義는 용맹 있게 사捨하는 **실행력**實行力을 얻은 것이니라.

지혜력智慧力 : 대소유무의 이치와 시비이해의 일을 밝게 아는 힘.
실행력實行力 : 실제로 행하는 힘.

제9장 인생人生의 요도要道와 공부工夫의 요도要道 관계

인생人生의 요도要道는 공부工夫의 요도要道가 아니면 사람이 능能히 그 길을 밟지 못할 것이요, 공부의 요도는 인생의 요도가 아니면 사람이 능히 그 공부한 효력效力을 다 발휘치 못할지니, 이에 다시 한 예를 들어 그 관계를 말한다면, 공부의 요도는 의사가 환자를 치료하는 의술醫術과 같고, 인생의 요도는 환자를 치료하는 약재藥材와 같나니라.

修行

제3편 수행

제3편 수행修行

제1장 일상수행日常修行의 요법要法

1. **심지**心地는 원래元來 **요란**擾亂함이 없건마는 경계境界를 따라 있어지나니, 그 요란함을 없게 하는 것으로써 **자성**自性의 **정**定을 세우자.
2. 심지는 원래 어리석음이 없건마는 경계를 따라 있어지나니, 그 어리석음을 없게 하는 것으로써 자성自性의 **혜**慧를 세우자.
3. 심지는 원래 그름이 없건마는 경계를 따라 있어지나니, 그 그름을 없게 하는 것으로써 자성自性의 **계**戒를 세우자.
4. 신信과 분忿과 의疑와 성誠으로써 불신不信과 탐욕貪慾과 나懶와 우愚를 제거除去하자.
5. 원망생활怨望生活을 감사생활感謝生活로 돌리자.

일상수행日常修行**의 요법**要法 : 일상생활에서 수행해 가는 요긴한 법.
심지心地 : 마음의 본바탕. 성품, 본성, 자성, 불성, 진성 등으로도 표현함.
요란擾亂 : 시끄럽고 떠들썩함. 정도가 지나쳐 어수선하고 야단스러움.
자성自性 : 사람이 본래 갖추고 있는 성품.
정定 : 고요함과 부동함. 수양력.
혜慧 : 지혜광명. 일과 이치에 두루 통달함. 연구력.
계戒 : 한 편에 기울지 않는 바른 마음과 중도행. 취사력.

6. 타력생활他力生活을 자력생활自力生活로 돌리자.
7. 배울 줄 모르는 사람을 잘 배우는 사람으로 돌리자.
8. 가르칠 줄 모르는 사람을 잘 가르치는 사람으로 돌리자.
9. **공익심**公益心 없는 사람을 공익심 있는 사람으로 돌리자.

공익심公益心 : 공중公衆을 위해 힘쓰는 마음.

제2장 공부工夫의 요도要道
정기훈련定期訓練 과목 급 해석

염불念佛 · 좌선坐禪

경전經典 · 강연講演 · 회화會話 · 의두疑頭 · 성리性理 · 정기일기定期日記

상시일기常時日記 · 주의注意 · 조행操行

1. 정신수양精神修養 정기훈련定期訓練 과목의 해석

염불 · 좌선

염불念佛이라 함은 본회本會의 지정指定한 **주문**呪文 일구一句를 연連하여 부르게 함이니, 이는 천지만엽千枝萬葉으로 흩어진 정신을 주문 일구에다 **집주**集注하여 **천념만념**千念萬念을 오직 **일념**一念으로 만들기 위함이오.

정기훈련定期訓練 : 일정 기간을 정하여 11과목으로 법의 훈련을 하는 것.

주문呪文 : 청정한 마음을 회복하고 법신불에 귀의하기 위하여 부르는 신비로운 글귀.

집주集注 : 마음을 한 곳으로 모아 정성을 다함. 집중.

천념만념千念萬念 : 천 가지 만 가지 생각. 여러 가지 많은 생각.

일념一念 : 생각이 다른 데 흐르지 않고 오직 한 생각이 지속됨. 일심一心.

좌선坐禪이라 함은 **기운**氣運을 바르게 하고 마음을 지키기 위하여 마음과 기운을 아랫배 **단전**[丹田, 배꼽아래]에 주住하고 한 생각이라는 **주착**住着도 없이 하여, 오직 **원적무별**圓寂無別한 **진경**眞境에 그쳐 있도록 함이니, 이는 사람의 **순연**純然**한** 근본根本 정신精神을 양성養成하는 방법이니라.

2. 사리연구事理硏究 정기훈련 과목의 해석

경전 · 강연 · 회화 · 의두 · 성리 · 정기일기

경전經典이라 함은 본회本會의 지정교과서指定敎科書 급 참고경參考經을 이름이니, 이것을 가르치는 뜻은 **공부자**工夫者로 하여금 그 공부하는 방향로方向路를 알게 함이오.

강연講演이라 함은 사리 간事理間에 어떠한 문제를 정하고 그 **의지**意旨를 해석시킴을 이름이니, 이는 곧 공부자로 하여

기운氣運 : 생물이 살아 움직이는 힘. 만물이 나고 자라는 힘의 근원.

단전丹田 : 심신의 정기가 모이는 곳. 상 · 중 · 하 3단전 중 일반적으로 하단전을 가리키며, 배꼽 아래 한 치 다섯 푼 되는 곳.

주착住着 : 머물러 집착함.

원적무별圓寂無別 : 모든 번뇌 망상과 분별이 사라진 두렷하고 고요한 상태.

진경眞境 : 참다운 실상의 경지.

순연純然**한** : 순수하고 온전한.

공부자工夫者 : 진리를 배우고 실천하는 사람. 마음 공부하는 사람.

의지意旨 : 뜻. 의미.

금 그 지견知見을 교환하며 **혜두**慧頭를 단련하게 하고, 또는 대중大衆의 앞에서 하는 **어법**語法 · **조리**條理 · **강령**綱領 · **성음**聲音 · **언채**言彩와 **신체**身體의 자세까지도 연습시키기 위함이오.

회화會話라 함은 사리 간에 어떠한 문제를 정하지 아니하고, 각자의 훈련訓練받은 경전經典 내에서나 법설法說 내에서나 그 외에 보고 듣는 가운데에서 스스로 마음속에 감동된 바를 자유로이 **토설**吐說케 함이니, 이는 곧 공부자에게 구속拘束을 주지 아니하고 활발하게 의견意見을 교환하여 혜두를 단련시키기 위함이니라.

단, 강연과 회화의 **대의**大義를 말하자면 사람의 혜두를 단련시킴에 있나니, 혜두라 하는 것은 너무나 자유를 주어도 거만하고 누그러져서 참다운 밝음을 얻지 못하는 것이요, 너

혜두慧頭 : 지혜가 솟아나는 원천.
어법語法 : 말의 일정한 법칙.
조리條理 : 말이나 글, 또는 일이나 행동에서 앞뒤가 들어맞고 체계가 서는 갈피.
강령綱領 : 일의 근본이 되는 큰 줄거리.
성음聲音 : 목소리.
언채言彩 : 어조[語調, 말의 가락]와 같은 말.
신체身體 : 사람의 몸.
토설吐說 : 말을 함.
대의大義 : 대의[大意, 글이나 말의 대략적인 뜻]와 같은 뜻.

무나 구속을 주어도 눌리고 **소졸**小拙**하여**져서 또한 참다운 밝음을 얻지 못하는 것이니, 그러므로 강연의 일정한 문제로는 그 혜두에 구속을 주어 단련시키며 회화로써는 그 혜두에 자유를 주어 단련시켜, 이 구속과 자유 두 사이에서 사람의 혜두로 하여금 **과불급**過不及이 없이 진정眞正한 **혜광**慧光을 얻도록 함이니라.

의두疑頭라 함은 본회 교과서 내 대소유무大小有無의 이치理致와 시비이해是非利害의 일이며 기타 일체 인간사人間事에 의심나는 제목을 이름이니, 어떠한 제목이든지 각자의 연구대로 그 해결안을 제출하여 감정勘定을 얻게 하는 것으로써, 이는 본회本會 초등교과서初等教科書를 마치고 연구의 **실지경**實地境을 밟는 공부자에게 사리 간 명확한 분석을 얻도록 함이오.

성리性理라 함은 우주만유宇宙萬有의 본래 이치와 과거 **불조**佛祖의 이르신 천만화두千萬話頭를 해결하여 알자 함이오.

소졸小拙**하여** : 도량이 좁고 옹졸하여.
과불급過不及 : 지나치거나 미치지 못한 상태.
혜광慧光 : 지혜광명.
실지경實地境 : 실제 처지의 대상.
불조佛祖 : 부처와 조사.

정기일기定期日記의 내역은 제4장 일기법日記法 중에 기재한 바와 같나니라.

3. 작업취사作業取捨 정기훈련 과목의 해석

상시일기 · 주의 · 조행

상시일기常時日記라 함은 재가在家 · 출가出家와 유식有識 · 무식無識을 물론하고 당월當月의 **유무념**有無念 처리와 학습상황과 계문戒文의 **범과유무**犯過有無를 조사 · 기재시킴을 이름이오.

주의注意라 함은 사람의 육근六根을 동작할 때에 하기로 한 일과 안 하기로 한 일을 경우에 따라 잊어버리지 아니하고 실행實行하는 마음을 이름이오.

조행操行이라 함은 사람으로서 사람다운 **행실**行實 가짐을 이름이니라.

유무념有無念 : 유념과 무념을 합한 말. 어떤 일에 주의심을 가지고 한 것은 유념, 주의심이 없이 한 것은 무념.

범과유무犯過有無 : 어긋남이 있고 없음.

행실行實 : 실지로 드러나는 행동.

제3장 공부工夫의 요도要道 **상시훈련**常時訓練 과목 급 해석

1. **상시응용**주의사항常時應用注意事項

1) 응용應用하는 데 온전穩全한 생각으로 취사取捨하기를 주의注意할 일.
2) 응용하기 전에 응용의 **형세**形勢를 보아 미리 **연마**硏磨하기를 주의할 일.
3) 노는 시간이 있고 보면 경전經典·규약規約 연습하기를 주의할 일.
4) 경전·규약 연습하기를 다 마친 사람은 의두疑頭 연마하기를 주의할 일.
5) **석반**夕飯을 먹은 후에 **가산**家産에 대한 사무가 혹 있으면 다 마치고, 잠자기 전 남은 시간이든지 **정야청신**靜夜淸晨이든지 정신을 수양하기 위하여 염불과 좌선하기를 주의할 일.

상시훈련常時訓練 : 언제 어디서나 일상생활 속에서 힘써 수행함.
상시응용常時應用 : 일상생활 속에서 몸과 마음을 사용함.
형세形勢 : 상황. 형편.
연마硏磨 : 갈고 닦음.
석반夕飯 : 저녁 식사.
가산家産 : 집안 일.
정야청신靜夜淸晨 : 고요한 밤과, 맑고 깨끗한 새벽.

6) 모든 사무를 처리한 후에 그 처리 건을 생각하여 보되, 하자는 조목과 말자는 조목에 실행이 되었는가 못 되었는가 대조對照하기를 주의할 일.

2. **교무부**敎務部**에 와서 하는 행사**行事

1) 상시응용주의사항을 지내나서 **하시**何時든지 교무부에 오고 보면 그 사항에 경과한 일을 일일이 문답問答하는 데 주의할 일.

2) 어떠한 사항에 **감각**感覺된 일이 있고 보면 그 감각된 사유를 **등서**謄書하여 교무부에 허가許可 얻기를 주의할 일.

3) 어떠한 사항에 대하여 특별히 의심나는 일이 있고 보면 그 의심된 사유를 등서하여 교무부에 **해오**解悟 얻기를 주의할 일.

교무부敎務部 : 회원 입회수속 · 훈련 · 도서관리 및 교서와 예문 편성 · 각종 예식 · 법위사정 · 각종 명부를 관리하던 부서. 여기서는 총부의 교당과 지방의 교당을 말함.

하시何時 : 어느 때.

감각感覺 : 사물이나 자연 현상을 통하여 얻은 일과 이치에 대한 깨달음.

등서謄書 : 글로 써서.

해오解悟 : 이해와 깨달음.

4) 매년每年 **삼동**三冬이 되고 보면 어떠한 방면으로든지 **비용금**費用金을 준비하여 가지고 2개월이든지 3개월이든지 **선원**禪院에 와서 전문적으로 공부하기를 주의할 일.

5) 매월每月 예회일例會日에는 아무리 급한 사무가 있다 하여도 **전기**前期하여 처결하여 놓고 그 날이 되고 보면 반드시 교무부에 와서 공부에 대한 일만 주의할 일.

6) 교무부를 다녀갈 때에는 어떠한 감각이 되었는지 어떠한 사항에 의심 없이 밝아졌는지 조사하여 본 후에 어느 방면으로 이로움이 있는가 없는가 생각하여 보기를 주의할 일.

3. 상시응용주의사항 6조의 대의大意

이 6조의 요지要旨는 위에 말한 바와 같거니와 다시 그 대의를 논한다면, 이도 또한 공부工夫의 요도要道 삼학三學을 분해分解하여 제정한 것이니, 5조는 정신수양精神修養을 진행시키는 길이요, 2조 · 3조 · 4조는 사리연구事理硏究를 진행

삼동三冬 : 겨울의 석 달.

비용금費用金 : 정기훈련에 참여하는 비용.

선원禪院 : 정기훈련을 실시하는 훈련기관을 교단 초기에는 선원이라고 함.

전기前期 : 기한期限보다 앞서서 함.

시키는 길이요, 1조는 작업취사作業取捨를 진행시키는 길이요, 6조는 삼학공부 실행하고 안한 것을 **감찰**監察하는 길이니라.

또, 이 6조를 동정動靜 두 사이로 나누어 보면 3조 · 4조 · 5조는 정靜할 때 공부로써 동動할 때 공부의 자료를 준비하는 길이 되고, 1조 · 2조 · 6조는 동할 때 공부로써 정할 때 공부의 자료를 준비하는 길이 되나니, 서로 서로 도움이 되는 길이며 **일분일각**一分一刻도 공부를 놓지 않게 하는 길이니라.

4. 상시응용주의사항과 교무부에 와서 하는 행사와의 관계

상시응용주의사항 6조는 유무식有無識 · 남녀노소男女老少 · 선악귀천善惡貴賤을 물론하고 인간생활을 하여가면서도 일동일정一動一靜과 일분일각을 허비함이 없이 공부할 수 있는 빠른 법法으로써 상시로 훈련하는 공부工夫의 길이 되고, 교무부에 와서 하는 행사 6조는 주의사항 6조의 길을 도와주고 알려주는 길이 되나니라.

감찰監察 : 감시監視하고 살피는 것.
일분일각一分一刻 : 아주 짧은 시간.

5. 정기훈련법定期訓練法과 상시훈련법常時訓練法의 관계

또, 이제 정기훈련법과 상시훈련법의 관계를 본다면, 정기훈련은 정靜할 때 공부로써 수양修養 · 연구硏究를 주체 삼아 **상시공부**常時工夫의 준비와 재료가 되고, 상시훈련은 동動할 때 공부로서 작업취사를 주체 삼아 정기공부의 준비와 재료가 되나니, 이도 또한 서로서로 도움이 되어 **재세출세**在世出世의 공부자工夫者에게 공부를 떠나지 않게 하는 길이 되나니라.

상시공부常時工夫 : 일상생활 속에서 공부.

재세출세在世出世 : 재가와 출가.

제4장 일기법日記法

1. **상시일기**常時日記의 **대요**大要

재가出家 · **출가**出家와 유식無識 · 무식無識을 물론하고 당일의 유무념有無念 처리處理와 학습상황學習狀況과 계문戒文의 범과유무犯過有無를 반성하기 위하여 상시일기법을 제정함.

단, 문자文字와 서식書式이 능能치 못한 사람을 위하여 별別로 **태조사법**太調査法이 유有함.

기재법記載法

1. 유념有念 · 무념無念은 모든 일을 당하여 유념으로 처리한 것과 무념으로 처리한 번수番數를 조사 기재하되, 하자는 조목과 말자는 조목에 취사取捨하는 주의심을 가지고 한 것은 유념이라 하고, 이와 반대로 하자는 조목과 말자는 조목에 취사하는 주의심이 없이 한 것은 무념이라 함.

상시일기常時日記 : 일상생활 속에서 삼학의 병진을 대조하는 일기.

재가在家 **출가**出家 : 세간에서 생활하며 수도하는 공부인과 수도 문중에 들어온 전문 공부인.

태조사법太調査法 : 콩을 사용하여 매일 유무념을 대조하는 공부법.

단, 처음에는 일이 잘 되었든지 못 되었든지 취사하는 주의심을 놓고 안 놓은 것으로써 유념·무념의 번수를 계산하나, 공부가 좀 깊어 가면 일이 잘 되고 못된 것으로써 유념·무념의 번수를 계산함.

2. 학습學習란 중 수양修養과 연구硏究는 전부 시간 수로써 기재하되, 염불念佛·좌선坐禪·경전연마經典練磨·**문목**問目은 자기가 실행한 시간 수를 기재하고, 강연講演·회화會話는 자기가 직접 강연·회화를 한 것과 타인의 강연·회화를 들은 시간까지 합하여 기재하며, **청법**聽法은 당시 법사[法師, 법강항마위法强降魔位 이상은 법사의 설說로 인증하고, 그 하인下人의 설교說敎는 강연시간에 기재함]의 설법說法들은 시간 수를 기재하고, **예회**例會나 **입선**入禪에 참석이 유有할 시는 **사선**斜線을 치고 참석이 무無할 시는 **공**空을 침이 가可함.

3. 계문戒文은 만일 범과犯過가 유有할 시는 해당란[해란該

문목問目 : 의심할 만한 제목으로, 현재 『정전』 의두요목의 초기적 형태.
청법聽法 : 불보살이나 스승이 설법하는 것을 경건하게 경청함.
예회例會 : 법회의 가장 기본적인 형태.
입선入禪 : 교단 초창기 동선·하선 등의 정기훈련에 들어가는 것.
사선斜線 : 비스듬하게 비껴 그은 줄. '빗금'으로 순화.
공空 : 여기서는 'O[동그라미]'를 뜻함.

欄]에 그 범한 번수를 기재하고, 범과가 무無할 시는 사선을 침이 가함.

4. 태조사太調査는 모든 일에 취사하는 주의심이 있고 없이 한 것을 **흑태**黑太와 **백태**白太로써 구분하되, 하자는 조목과 말자는 조목에 취사하는 주의심을 가지고 한 것은 백태요, 이와 반대로 하자는 조목과 말자는 조목에 취사하는 주의심이 없이 한 것은 흑태로 함.

   단, 처음에는 취사하는 주의심을 놓고 안 놓은 것으로써 흑태와 백태를 구분하나, 공부가 좀 깊어 가면 일이 잘 되고 못된 것으로써 흑태와 백태를 구분하며, 또는 태조사를 하기로 하면 먼저 주머니 두 개를 만들어 차되, 한 주머니는 미리 흑태와 백태를 많이 넣어두고 또 한 주머니는 비워두었다가 경계를 당하여 취사하는 주의심이 있고 없이 한 것을 따라 흑·백간에 한 개씩 빈 주머니에 넣게 함이 가함.

2. 정기일기定期日記의 대요

강원講院이나 선원禪院에서 훈련을 받는 청소년 급級에 한

흑태黑太 : 껍질 빛깔이 검은 콩
백태白太 : 껍질 빛깔이 흰색 콩

하여 당일 내 **작업**作業**한 시간** 수와 당일의 수입 지출과 **심신작용**心身作用의 처리건處理件과 감각感覺 · **감상**感想을 기재시키기 위하여 정기일기법을 제정함.

일기의 내역

1. 시간 수를 기재시키는 뜻은 사람으로 하여금 **주야**晝夜 24시간 내에 가치 있게 보낸 시간과 허망하게 보낸 시간을 대조하여, **허송**虛送한 시간이 있고 보면 뒷날은 그렇지 않도록 주의를 시켜서 일분일각一分一刻이라도 쓸데없이는 시간을 보내지 말자는 것이오.
2. 당일當日의 수입 · 지출을 기재시키는 뜻은 그 **수지**收支를 대조하여 수입이 많을 시時는 그 생활이 안전할 것이오. 지출이 많을 시는 그 생활에 곤란이 닥쳐올 것은 정한 이치라, 고로 사람으로 하여금 수입이 없으면 수입

정기일기定期日記 : 정기적으로 훈련받는 공부인에게 기재케 하는 일기.
강원講院 : 불교에서 학인을 대상으로 경經과 논論을 가르치는 교육기관. 불법연구회에서는 강원을 따로 두지 않고 교육기관인 학원學院을 둠.
작업作業**한 시간** : 가치 있게 보낸 시간.
심신작용心身作用 : 몸과 마음을 사용함.
감상感想 : 인간사나 자연 현상을 통하여 얻은 의미 있는 느낌이나 생각.
주야晝夜 : 낮과 밤. 쉬지 않고 계속.
허송虛送 : 하는 일없이 시간을 헛되이 보냄.
수지收支 : 수입과 지출.

의 방도方途를 준비하여 부지런히 수입을 작만作滿하도록 하며 지출이 많을 시는 될 수 있는 대로 지출을 줄여서 빈곤을 방지하고 안락安樂을 얻게 함이며, 또는 설사 재산이 있는 자라도 놀고먹는 **폐풍**弊風을 없게 함이오.

3. 심신작용心身作用의 처리건處理件을 기재시키는 뜻은 사람의 죄罪와 복福은 다른 데 있는 것이 아니요, 오직 사람 스스로의 마음과 몸으로 일을 작용하는 데 달렸는지라, 고로 이 작용 처리건을 기재시켜서 당일 내의 시비是非를 **감정**勘定하여 죄복罪福의 결산을 알게 하며, 또는 시비이해是非利害를 밝혀 천만千萬 일을 작용할 때 취사의 **권능**權能을 얻게 함이오.
4. 감각感覺이나 혹은 감상건感想件을 기재시키는 뜻은 그 대소유무大小有無의 진리가 밝아지는 정도를 대조하게 함이오.
5. 이 여러 가지 과목으로써 일기를 할 때에 **습자**習字와 **저술법**著述法이 능하여지게 함이니라.

폐풍弊風 : 폐해가 많은 풍습.
감정鑑定 : 평가와 조언.
권능權能 : 권세와 능력.
습자習字 : 글씨 쓰기를 배워 익힘.
저술법著述法 : 글이나 책 따위를 쓰는 법.

제5장 염불법念佛法

1. 염불念佛의 원리原理

대범大凡, 염불이라 하는 것은 천만 가지로 흩어진 정신을 일념一念으로 만들기 위함이요, 또는 **순역경계**順逆境界에 흔들리는 마음을 안정시키는 공부이니, 그 염불의 문구文句를 해석해 본다면 **나무아미타불**南無阿彌陀佛은 여기 말로는 **무량수각**無量壽覺에 돌아가 의지依支한다는 뜻인 바[귀의무량수각歸依無量壽覺], 재래在來 **염불가**念佛家에서는 아미타불 **성호**聖號를 **염송**念誦함으로써 그 부처님의 **신력**神力에 의지하여 **서방정토극락**西方淨土極樂에 나기를 원願하나, 우리는 바로 **자**

대범大凡 : 무릇. 대체로.
순역경계順逆境界 : 순경과 역경. 순경은 순조롭고 편안한 상황, 역경은 힘들고 어려운 상황.
나무아미타불南無阿彌陀佛 : 아미타 부처님께 귀의함.
무량수각無量壽覺 : 우리의 본래 마음이 무량수임을 깨치는 것. 서천 극락의 아미타 부처님.
염불가念佛家 : 아미타불의 명호名號를 불러서 극락왕생하기를 바라는 불교의 한 종파. 염불종念佛宗과 같은 말.
성호聖號 : 성스러운 이름. 거룩한 이름.
염송念誦 : 마음으로 염원하며 소리 내어 부름.
신력神力 : 신비스러운 능력.
서방정토극락西方淨土極樂 : 서쪽의 불국토를 담당하는 아미타불의 서원으로 건립되었다는 극락.

심미타自心彌陀를 발견하여 **자성극락**自性極樂에 돌아가기를 목적하나니, 자심미타라 하는 것은 우리의 마음은 원래에 생멸生滅이 없으니 곧 **무량수**無量壽라 할 것이요, 그 가운데에도 또한 **소소영령**昭昭靈靈하여 **매**昧하지 아니한 바가 있으니 곧 각覺이라 하는 것이며, 자성극락이라 하는 것은 우리의 자성은 원래 **청정**淸靜하여 죄복罪福이 **돈공**頓空하고 **고뇌**苦惱가 **영멸**永滅하였나니, 곧 **여여**如如하여 변함이 없는 **안락국토**安樂國土이니라. 그러므로 염불하는 사람이 먼저 이 이치를 알아서 생멸生滅이 없는 각자의 마음을 근본하고 **거래**去來가 없는 한 생각을 **대중하여**, 천만 가지로 흩어지는 정신

자심미타自心彌陀 : 자기 마음속의 아미타불. 자기 마음이 곧 아미타불.
자성극락自性極樂 : 자기 성품에 갖추어 있는 극락. 자기 성품이 곧 극락.
무량수無量壽 : 다함이 없는 영원한 생명.
소소영령昭昭靈靈 : 한없이 밝고 신령스러움.
매昧 : 어두움. 가리어짐.
청정淸靜 : 맑고 깨끗함.
돈공頓空 : 텅 비어 실체가 없음.
고뇌苦惱 : 괴로워하고 번뇌함.
영멸永滅 : 영원히 사라짐.
여여如如 : 한결같음.
안락국토安樂國土 : 안락국[安樂國, 몸이 편안하고 마음이 즐거운 나라]과 같은 뜻으로, 극락세계 · 극락정토를 말함.
거래去來 : 오고 감.
대중하여 : 기준이나 표준으로 삼아.

을 오직 **미타일념**彌陀一念에 그치며 순역경계에 흔들리는 마음을 **무위안락**無爲安樂의 **지경**地境에 돌아오게 하는 것이 곧 참다운 염불의 원리니라.

2. 염불의 방법

염불의 방법은 극히 간단하여 누구든지 가히 할 수 있나니,

1) 염불을 할 때에는 항상 좌세坐勢를 바르게 하고 기운氣運을 안정하며, 또는 몸을 흔들거나 **경동**輕動하지 말라.
2) 음성音聲은 너무 크게도 말고 너무 적게도 말아서 오직 기운에 적당케 하라.
3) 정신精神을 오로지 **염불일성**念佛一聲에 집주集注하되, 염불 구절句節을 따라 그 일념을 챙겨서 일념과 음성이 같이 **연속**連續케 하라.
4) 염불을 할 때에는 **천만사념**千萬思念을 다 놓아 버리고 오

미타일념彌陀一念 : 생각이 다른 곳으로 흩어지지 않고 일심으로 아미타불을 염하는 것.
무위안락無爲安樂 : 편안함과 즐거움.
지경地境 : 어떠한 처지處地나 형편.
경동輕動 : 경거망동[輕擧妄動, 경솔하여 생각 없이 망령되게 행동함]의 준말.
염불일성念佛一聲 : 염불하는 한 소리.
연속連續 : 끊이지 아니하고 죽 이어지거나 지속함.
천만사념千萬思念 : 수없이 많은 근심과 염려하는 따위의 생각.

직 한가한 심경心境과 **무위**無爲의 사상思想을 가질 것이며, 또는 마음 가운데에 **외불**外佛을 구하여 **미타색상**彌陀色相을 상상想像하거나 **극락장엄**極樂莊嚴을 그려내는 등 다른 생각은 하지 말라.

5) 마음을 붙잡는 데에는 염주念珠를 세는 것도 좋고 목탁木鐸이나 북을 쳐서 그 **운곡**韻曲을 맞추는 것도 또한 필요하니라.

6) 혹 무슨 일을 할 때에나 기타 **행**行 · **주**住 · **좌**坐 · **와**臥 간에 다른 잡념雜念이 마음을 괴롭게 하거든 염불로써 그 잡념을 **대치**對治함이 좋으나, 만약 염불이 도리어 일하는 정신에 통일이 되지 못할 시는 차此를 중지함이 가可하니라.

7) 염불은 항상 각자의 **심성원래**心性元來를 **반사**返思하여

무위無爲 : 넉넉하고 자유로운.
외불外佛 : 밖에 있는 부처.
미타색상彌陀色相 : 아미타불의 모습.
극락장엄極樂莊嚴 : 극락세계의 장엄함.
운곡韻曲 : 고저와 장단. 리듬과 박자.
행주좌와行住坐臥 : 움직이고 머물고 앉고 눕는 것. 일상생활.
대치對治 : 맞이하여 다스림.
심성원래心性元來 : 심성의 본래 자리.
반사返思 : 돌이켜 생각해 봄. 반조反照와 같은 의미.

분憤**한 일**을 당하여도 염불로써 안심安心하고, 탐심貪心이 일어나도 염불로써 안정시키고, 순경順境에 끌릴 때에도 염불로써 안정시키고, 역경逆境에 끌릴 때에도 염불로써 안정시킬지니, 염불의 진리를 아는 자는 염불일성이 능히 **백천사마**百千邪魔를 항복 받을 수 있으며, 또는 일념一念의 대중이 없이 다만 **구송**口誦으로 하면 별 효과가 없을지나 **무성**無聲의 **암송**暗誦이라도 일념의 대중이 있고 보면 곧 **삼매**三昧를 **증득**證得하리라.

3. 염불의 공덕功德

염불을 오래하면 자연히 염불삼매[念佛三昧, 삼매三昧를 번역하면 **입정**入定이라 함]의 힘을 얻어서 능히 목적한바 극락極樂을 수용受用할 수 있나니, 그 공덕의 조항은 아래에 말한바 좌선坐禪의 공덕과 서로 같나니라.

분憤**한 일** : 화나고 원통한 일.
백천사마百千邪魔 : 수없이 많은 삿된 마귀. 온갖 번뇌 망상.
구송口誦 : 소리 내어 외우거나 읽음.
무성無聲 : 소리를 내지 않음.
암송暗誦 : 글을 보지 아니하고 입으로 욈.
삼매三昧 : 산란함이 없이 지극히 고요하고 평온한 상태.
증득證得 : 체험하여 얻음.
입정入定 : 선정禪定에 들어가는 것.

그러나 염불과 좌선이 한 가지 수양과목修養科目으로써 서로 **표리**表裏가 되나니, 공부하는 사람이 만약 번뇌煩惱가 과중過重한 자는 먼저 염불로써 그 산란散亂한 정신을 대치하고, 다음 좌선으로써 그 **원적**圓寂**의 진경**眞境에 들게 하는 것이며, 또는 시간에 있어서는 주간晝間이든지 기타 **외경**外境이 가까운 시간에는 염불이 더 **긴요**緊要하고, 정야청신靜夜淸晨이든지 기타 외경이 먼 시간에는 좌선이 더 긴요하나니, 공부하는 사람이 항상 당시의 환경을 관찰하고 각자의 심경을 대조하여 염불과 좌선을 때에 맞게 잘 운용運用하면 그 공부가 서로 연속連續되어서 쉽게 큰 **정력**定力을 얻게 되리라.

표리表裏 : 겉과 속. 서로 뗄 수 없는 관계.
원적圓寂**의 진경**眞境 : 두렷하고 고요한 참다운 실상의 경지.
외경外境 : 바깥 경계.
긴요緊要 : 꼭 필요함.
정력定力 : 수양력.

제6장 **좌선법**坐禪法

1. **선**禪의 **원리**元理

대범大凡, 선禪이라 하는 것은 마음에 있어 **망념**妄念을 쉬고 **진성**眞性을 나타내는 공부이며, 몸에 있어 **화기**火氣를 내리우고 **수기**水氣를 오르게 하는 방법이니, 망념이 쉰즉 수기가 오르고 수기가 오른 즉 망념이 쉬어서 몸과 마음이 **일여**一如하며 정신과 기운이 상쾌하리라.

그러나, 만약 망념이 쉬지 못한 즉 불기운이 항상 위로 올라서 온 몸의 수기를 태우고 정신의 광명光明을 덮을지니, 어찌하여 그러하냐 하면 사람의 몸 운전하는 것이 마치 저 기계와 같아서 수화水火의 기운이 아니고는 도저히 한 손가락도 움직이지 못할 것인 바, 사람의 육근기관六根機關이 모두

좌선법坐禪法 : 앉아서 하는 선禪 수행법.
선禪 : 마음을 가다듬고 정신을 통일하여 무아정적無我靜寂의 경지에 도달하는 정신집중의 수행방법.
망념妄念 : 헛된 생각. 잡념.
진성眞性 : 참된 성품. 사람의 순연한 근본정신.
화기火氣 : 불기운. 덥고 탁한 기운.
수기水氣 : 물기운. 서늘하고 맑은 기운.
일여一如 : 오직 하나.

상부上部 **두뇌**頭腦에 있으므로 볼 때나 들을 때나 생각할 때에 그 육근을 운전해 쓰면 전신全身의 화기가 자연히 두뇌로 집중되어 **만신**滿身의 수기를 조리고 태우는 것이 흡사 저 등불을 켜면 기름이 닳는 것과 같나니라.

그런고로, 우리가 **뇌심초사**惱心焦思를 하여 무엇을 오래 생각한다든지, 또는 **안력**眼力을 써서 무엇을 세밀히 본다든지, 또는 소리를 높여 무슨 말을 힘써 한다든지 이러하면 반드시 얼굴이 붉어지고 입 속에 침[연涎]이 마르지 않는가. 이것이 곧 화기가 위로 오르는 형상形像이니, 부득이 당연한 일에 육근의 기관을 운용하는 것도 오히려 가可히 **존절**撙節**히** 하려거든, 하물며 쓸데없는 망념을 끄려 두뇌의 등불을 주야晝夜로 계속하리오. 그런고로, 좌선이라 하는 것은 이 모든 망념을 제거除去하고 **진여**眞如**의 본성**本性을 나타내며, 일체의 화기火氣를 내리고 청정淸淨한 수기水氣를 불어내는 공부이니라.

두뇌頭腦 : 뇌腦. 머리.
만신滿身 : 몸의 전체.
뇌심초사惱心焦思 : 마음으로 괴로워하며 애를 태우는 생각.
안력眼力 : 눈으로 보는 힘. 시력.
존절撙節**히** : 알맞게 절제하는 데가 있게.
진여眞如**의 본성**本性 : 참되고 변함이 없는 우리의 본래 성품. 진성.

2. 좌선坐禪의 방법方法

좌선의 방법으로 말하면 극히 간단하고 **편이**便易하여 아무라도 행할 수 있나니,

1) **좌복**坐服을 펴고 **반좌**盤坐로 편안히 앉은 후에 머리와 허리를 곧게 하여 앉은 자세를 바르게 하라.
2) 전신全身의 힘을 아랫배 단전丹田에 툭 부리어 **일념주착**一念住着**도 없이** 다만 단전에 기운氣運 **주**住**해 있는** 것만 대중 잡되, **방심**放心이 되면 단전의 그 기운이 풀어지나니 곧 다시 챙겨서 기운 주하기를 잊지 말라.
3) 호흡呼吸을 고르게 하되 들이 쉬는 숨은 조금 길고 강强하게 하며, 내어 쉬는 숨은 조금 짧고 **미**微하게 하라.
4) 눈은 항상 뜨는 것이 **수마**睡魔를 제거除去하는 데 필요하나 **신기**神氣가 상쾌하여 눈을 감아도 수마의 **침노**侵擄

편이便易 : 편리하고 쉬움.
좌복坐服 : 방석.
반좌盤坐 : 책상다리로 앉는 자세.
일념주착一念住着**도 없이** : 한 마음도 어느 한 곳에 치우쳐 집착하는 것 없이.
주住**해 있는** : 머물러 있는.
방심放心 : 마음을 다잡지 아니하고 풀어 놓아 버림.
미微 : 약하게.
수마睡魔 : 견디기 어려운 졸음을 마귀에 비유한 표현.
신기神氣 : 정신과 기운.
침노侵擄 : 침범하여 사로잡음.

를 받을 염려가 없는 때에는 혹 감고도 하여 보라.

5) 입은 항상 다물 지며 공부를 오래하여 **수승화강**水昇火降이 잘 되면 맑고 **윤활**潤滑한 침이 혀 줄기와 치아 사이로부터 계속하여 나올지니, 그 침을 입에 가득히 모아 가끔 삼켜 내리라.

6) 정신精神은 항상 **적적**寂寂한 가운데 **성성**惺惺함을 가지고 성성한 가운데 적적함을 가질지니, 만약 **혼침**昏沈에 기울어지거든 새로운 정신을 차리고 **망상**妄想에 흐르거든 **정념**正念으로 돌이켜서 **무위자연**無爲自然의 **본래면목**本來面目 자리에 그쳐 있으라.

7) 처음으로 좌선을 하는 자는 흔히 다리가 아프고 망상이 침노하는 데에 괴로워하나니, 다리가 아프면 잠깐 바꾸어 놓는 것도 가可하며, 망념이 침노하면 다만 망념인

수승화강水昇火降 : 물기운이 위로 오르고 불기운이 아래로 내려와 조화를 이루는 현상.

윤활潤滑 : 빽빽하지 않고 매끄러움.

적적寂寂 : 지극히 고요함. 마음에 모든 잡념이 사라져서 고요한 상태.

성성惺惺 : 마음이 지극히 밝게 깨어 있는 상태.

혼침昏沈 : 어두워지고 흐려짐.

망상妄想 : 헛된 생각. 망념. 잡념.

정념正念 : 사심 잡념이 없이 깨어있는 바른 생각.

무위자연無爲自然 : 자연 그대로의 순수한 상태.

본래면목本來面目 : 본디의 모습. 순연한 본래 모습. 진성. 진여의 본성.

줄만 알아두면 망념이 스스로 없어지나니, 절대로 거기에 성가시지 말며 **낙망**落望하지 말라.

8) 처음으로 좌선을 하면 얼굴과 몸이 개미[의蟻] 기어 다니는 것과 같이 가려워지는 수가 혹 있나니, 이것은 **혈맥**血脈이 관통貫通되는 증거라 삼가 긁고 만지지 말라.

9) 좌선을 하는 가운데 절대로 이상한 기틀과 신기한 자취를 구하지 말며, 혹 그러한 경계가 나타난다 할지라도 그것을 다 **요망**妖妄한 일로 생각하여 조금도 **심두**心頭에 걸지 말고 **심상**尋常**히 간과**看過하라.

이상과 같이, 오래오래 계속하면 필경畢竟 **물아**物我의 구분을 잊고 시간과 처소處所를 잊고 오직 원적무별圓寂無別한 진경眞境에 그쳐서 무상無上한 **심락**心樂을 누리게 되리라.

3. 좌선의 공덕功德

좌선을 오래하여 그 힘을 얻고 보면 아래와 같은 열 가지

낙망落望 : 희망을 잃음.
혈맥血脈 : 경혈과 경맥. 몸의 기운이 흐르는 중요 관문과 통로.
요망妖妄 : 허망하고 망령됨.
심두心頭 : 생각하고 있는 마음.
심상尋常**히 간과**看過 : 대수롭지 않게 보아 넘김.
물아物我 : 사물과 나. 객체와 주체.
심락心樂 : 마음의 즐거움.

유익有益이 있나니,

1) **경거망동**輕擧妄動하는 일이 차차 없어지는 것.

2) 기억력記憶力이 좋아지는 것.

3) 인내력忍耐力이 생겨나는 것.

4) 병고病苦가 감소되는 것.

5) **착심**着心이 없어지는 것.

6) 육근동작六根動作에 순서順序를 얻는 것.

7) 얼굴이 윤활潤滑하여지는 것.

8) **사심**邪心이 **정심**正心으로 변하는 것.

9) 극락極樂을 수용受用하게 되는 것.

10) 생사生死에 자유自由를 얻는 것이니라.

4. **단전주**丹田住의 필요

대범大凡, 좌선坐禪이라 함은 마음을 **일경**一境에 주住하여 일체 사념思念을 제거함이 **자고**自古의 **통례**通例이니, 그러므

경거망동輕擧妄動 : 경솔하여 생각 없이 망령되게 행동함.
착심着心 : 집착하는 마음. 주착심.
사심邪心 : 간사하고 바르지 못한 마음.
정심正心 : 바른 마음
단전주丹田住 : 마음과 기운을 단전에 주하는 선법.
일경一境 : 하나의 대상.
자고自古 : 예로부터.

로 각각 그 주장과 **방편**方便을 따라 혹은 비단[鼻端, 코끝]에, 혹은 미간[眉間, 두 눈썹 사이]에, 혹은 정상[頂上, 이마 위]에, 혹은 제간[臍間, 배꼽]에, 혹은 기식[氣息, 기식에 주하는 법은 조식調息과 수식數息의 두 가지가 있으니, 조식은 하下에 설說한 바와 같고, 수식은 들고 나는 숨을 하나로부터 열까지 또 하나로부터 열까지를 세어, 숨을 세는 데에 마음을 주하고 앉았음을 이름임]에, 혹은 불상[佛像, 마음 가운데 부처님의 **단엄묘상**端嚴妙相을 일심一心으로 관觀하고 앉았음을 이름임]에, 혹은 월륜[月輪, 마음 가운데 두렷한 달을 관하고 앉았음을 이름임]에, 혹은 **아자**[阿字, 아자에 **제법개공**諸法皆空의 의미를 붙여 직경直徑 **8촌**八寸의 월륜月輪 중에 **8엽**八葉의 **연화**蓮華를, 그리고 그 위에 아자를 치置하고 일심一心으로 관하고 앉았음을 이름임]에, 혹은 부정[不淨, 자신이나 타인이 원래에 부정함을 관하고 앉

통례通例 : 일반적 사례.
방편方便 : 부처님이 중생을 구제하기 위하여 사용하는 다양한 방법.
단엄묘상端嚴妙相 : 『화엄경』 입법계품의 문구로 단아하고 엄정하며 신묘한 모습.
아자阿字 : 밀교密敎에서 하는 관법觀法의 하나로 산스크리트 어의 첫째 글자인 '아阿'자를 보며 우주의 모든 사상의 본원을 느끼어 안다는 명상법.
제법개공諸法皆空 : 제법무아[諸法無我, 이 세상에 존재하는 모든 사물은 인연으로 생겼으며 변하지 않는 참다운 자아의 실체는 존재하지 않는다는 생각]와 같은 말.
8촌八寸 : 24.24cm. 촌寸은 치와 같은 말로 길이의 단위. 한 치는 한 자의 10분의 1 또는 약 3.03cm.
8엽八葉 : 여덟 잎. 엽葉은 종이, 잎 따위를 세는 단위.
연화蓮華 : 연꽃.

았음을 이름임]에, 혹은 **화두**[話頭, **조주**趙州의 **구자무불성**狗子無佛性과 **만법귀일**萬法歸一 등 **고조**古祖의 **공안**公案을 관하고 앉았음을 이름임]에, 혹은 **묵조**[默照, **적적성성**寂寂惺惺한 **진여체**眞如體를 관하고 앉았음을 이름임]에, 혹은 단전[丹田, **제하**臍下의 복부腹部를 이름임]에, 혹은 제심[制心, **일체법**一切法이 다 마음의 분별分別을 따라 있다 하여 마음이 생生한 즉 곧 제거除去하고 생한 즉 또 제거하여 마음에 일법一法도 취하지 아니하고 앉았음을 이름임]에, 혹은 수상[水想, 마음 가운데 맑고 푸른 물을 일심一心으로 관하고 앉았음을 이름임] 등 이 외에도 그 주住하는 법法이 실로 **무량**無量

화두話頭 : 깨달음으로 이끌기 위한 의문을 일으키는 실마리[조목]. 불조의 법문, 대화, 일화 등.

조주趙州 : 조주종심[趙州從諗, 778~897, 중국 당唐나라 때의 승려. 많은 화두를 남김.

구자무불성狗子無佛性 : 개에게는 불성佛性이 없음.

만법귀일萬法歸一 : 모든 것이 마침내 한 군데로 돌아감.

고조古祖 : 옛 조사祖師.

공안公案 : 선가禪家에서 스승이 제자에게 깨침을 얻도록 인도하기 위하여 제시한 문제. 인연화두因緣話頭라고도 함.

묵조默照 : 묵默은 일체의 언어문자[사량 분별]을 뛰어넘은 절대의 심성心性. 조照는 그 심성이 빛나는 것.

적적성성寂寂惺惺 : 선禪의 진경眞境을 나타내는 말. 적적은 고요하고 고요하여 일체의 사량 분별 · 번뇌 망상이 텅 비어버린 경지. 성성은 소소 영령한 것.

진여체眞如體 : 참된 모습.

제하臍下 : 배꼽 밑.

일체법一切法 : 이 세상의 모든 법.

무량無量 : 정도를 헤아릴 수 없을 만큼 많음.

하나, 마음을 **두부**頭部나 외경外境에 주住한 즉 사념思念이 동動하고 기운이 올라 안정安靜이 잘 되지 아니하고, 마음을 단전에 주한 즉 사념이 잘 동하지 아니하고 기운도 잘 내리게 되어 안정을 쉽게 얻나니라.

그러므로 **백은선사**[白隱禪師, **임제종**臨濟宗 중흥조中興祖로 40여인의 **법사**法嗣와 다량의 저서가 유有함]의 『**원라천부**遠羅天釜』에 왈曰,

'나의 **기해단전**氣海丹田은 조주趙州 **무자**無字며, 본래면목本來面目이며, 유심唯心의 정토淨土며, 자신自身의 미타彌陀며, 본분本分의 가향家鄕이라[조주 무자라는 말은 조주의 무자 화두법話頭法과 단전주법丹田住法이 둘이 아니라는 말이요, 본래면목이라는 말은 마음을 단전에 주하여 **심행처**心行處가 멸滅한 즉 이 자리가 곧 우리의 본래면목 자리라는 말이요, 유심의 정토라는 말은 마음을 단전에 주하여 사심잡념邪心雜念이 없는

두부頭部 : 머리.

백은선사白隱禪師 : 백은혜학白隱慧鶴(1685~1768). 일본 임제종의 중흥조.

임제종臨濟宗 : 당唐나라 임제의현臨濟義玄(?~867)이 창시한 중국 선종禪宗 오가五家의 하나. 우리나라 선종에도 많은 영향을 미침.

법사法嗣 : 법통法統을 이어받은 후계자. 스승의 법을 받아 이은 제자.

원라천부遠羅天釜 : 백은혜학이 지은 책.

기해단전氣海丹田 : 배꼽 아래 한 치쯤 되는 곳. 하단전下丹田.

무자無字 : 간화선의 대표적인 화두. 어느 스님이 조주선사에게 "개에게도 불성이 있습니까?"라고 물었다. 조주선사가 "무無."라고 대답한데서 '무자無字'가 화두의 하나가 됨.

심행처心行處 : 마음이 향하여 가고 머무는 곳. 사량 분별 · 시비 장단 등 마음의

즉 이 자리가 곧 극락정토極樂淨土라는 말이요, 자신미타自身彌陀라는 말은 마음을 단전에 주하여 번뇌망상煩惱妄想이 다한 즉 이 몸이 곧 아미타불阿彌陀佛이라는 말이요, 본분의 가향이라는 말은 마음을 단전에 주하여 **사량분별**思量分別이 끊어진 즉 이 자리가 곧 우리의 생래고향生來故鄕이라는 말임].' 하여 단전주를 찬양하였고, 또 『**야선한화**夜船閑話』에 왈,

'**정신단좌**正身端坐하여 타오르는 **심화**心火를 거두어 단전에 주한 즉, 답답하던 가슴이 서늘하여지고 일점一點의 계교사량計較思量이 무無하게 되리니, 이것이 **진관**眞觀이요 **청정관**淸淨觀이라.' 하였으며, 또 **좌선용심기**[坐禪用心記, 본서本書는

작용을 뜻함.

사량분별思量分別 : 사량은 복잡한 생각으로 헤아리는 것. 분별은 사념망상邪念妄想으로 계교하는 것.

야선한화夜船閑話 : 백은혜학이 지은 '기병氣病을 관법으로 다스리는 방편'을 담은 책.

정신단좌正身端坐 : 좌선할 때의 바른 자세. 바로 앉아 전후좌우로 기울어지지 말고, 귀와 어깨는 바르게, 코와 배꼽은 일직선 되게, 등뼈를 꼿꼿이 세워서 바르고 단정하게 앉는 태도.

심화心火 : 마음속에서 북받쳐 나는 화.

진관眞觀 : 관세음보살의 오관[五觀, 진관眞觀 · 청정관淸淨觀 · 광대지혜관廣大智慧觀 · 비관悲觀 · 자관慈觀] 가운데 하나로 온갖 차별에서 벗어나 있는 그대로의 진실한 참모습을 관觀[비추어 봄]하는 것.

청정관淸淨觀 : 관세음보살의 오관五觀 가운데 하나로 온갖 세속의 오염에서 벗어난 청정한 상태에서 세상을 관觀하는 것.

좌선용심기坐禪用心記 : 영산소근瑩山紹瑾(1268~1325)이 지은 책.

영산소근사瑩山紹瑾師의 저著로써 **조동종**曹洞宗 **성전**聖典에 편입되어 있음]와 **번역명의집**飜譯名義集에 왈,

'만일 정신이 산란散亂한 즉 마음을 단전에 주하라.' 하였고, **도원선사**道元禪師 하下 『**만암법어**卍庵法語』에 왈,

'단정히 앉아 숨을 고르는 것[조식調息]이 좌선의 **요술**要術이니, 조식의 방법은 몸을 **좌정**坐定한 후에 심기心氣를 기해단전氣海丹田에 양養함이라. 이같이 오래 계속한 즉 **원기**元氣가 자연 충실하여 아랫배가 표주박이나 공[구球]같이 둥글어지나니라.' 하였으며, 이 외에 『**선문구결**禪門口訣』과 『**영평광**

영산소근瑩山紹瑾 : 일본 조동종의 승려. 조동종의 부흥자로 숭앙받음.

조동종曹洞宗 : 중국의 육조혜능(638~713)이 조계曹溪에서 법을 전하여 일어난 종파. 제2조 조산曹山과 제1조 동산洞山의 이름에서 조동종이라 이름 함. 여기서는 일본 조동종을 말함.

성전聖典 : 성인聖人이 쓴 고귀한 책.

번역명의집飜譯名義集 : 중국 송宋나라 법운法雲(1088～1158)이 불교 경전에 보이는 범음梵音으로 한역된 단어를 종류별로 정리하여 해설한 일종의 불교 용어사전.

도원선사道元禪師 : 영평도원永平道元(1200~1253). 중국 송나라에 들어가 도를 깨치고 본국인 일본으로 귀국하여 영평사永平寺를 개산하고 일본 조동종의 개조開祖가 됨.

만암법어卍庵法語 : 영평도원이 지은 책.

요술要術 : 중요한 방법.

좌정坐定 : 자리 잡아 앉음.

원기元氣 : 생명활동의 근원이 되는 기운.

선문구결禪門口訣 : 중국 천태종의 개조인 천태지의天台智顗(538~597)가 지은

록永平廣錄』 등에도 단전주를 많이 역설力說하였나니, 이로써 볼지라도 이 단전주가 좌선상坐禪上 가장 요긴要緊한 법法임을 가히 알지니라.

또한, 이 단전주丹田住는 좌선에만 요긴할 뿐 아니라 **위생상**衛生上으로도 극히 요긴한 법이니, 마음을 단전에 주하고 옥지[玉池, 혓바닥 밑]에서 나는 물을 많이 삼켜 내린 즉, 수화水火가 잘 조화調和되어 몸에 병고病苦가 감소減少되고 얼굴이 윤활潤滑해지며 원기元氣가 충실해지고 **심단**心丹이 되어 능히 수명壽命을 안보安保하나니, 그러므로 저 『야선한화』에 왈,

'심지心地가 아랫배에 다북차 있은 즉 혈액순환이 잘되고 모든 기관의 기능이 왕성해지며, 두뇌頭腦가 명석明晳하고 정신이 상쾌하여 사기邪氣가 감히 침입치 못하는 건강체가 된다.' 하였고, 또 『**수습지관좌선법요**修習止觀坐禪法要』에 왈,

'마음을 단전에 주하여 흩어지지 않도록 잘 수호守護한 즉 **백병**百病이 물러난다.' 하였으며, 또 『**마하지관**摩訶止觀』에 왈,

---

『천태지자대사선문구결天台智者大師禪門口訣』의 약칭.
영평광록永平廣錄 : 영평도원이 지은 책.
위생상衛生上 : 건강을 보전하는 상태.
심단心丹 : 마음이 일심으로 뭉쳐진 상태.
수습지관좌선법요修習止觀坐禪法要 : 중국 천태종의 개조인 천태지의가 지은 책.
백병百病 : 여러 가지 병. 또는 온갖 병.
마하지관摩訶止觀 : 천태지의가 지은 천태종의 실천적 수행론이 집대성된 책.

'단전은 이 기운 바다로써 만병萬病을 다 녹여 삼킨다.' 하였고, 또 저 『만암법어』에 왈,

'**정기**精氣가 항상 단전에 다북차 있은 즉 **무위견고**無爲堅固하여 **불로장명**不老長命한다.' 하였으며, 이 외에 『**규봉수증의**圭峰修證儀』와 인도印度 고전古典 중에도 또한 이상과 같은 말을 역설하였나니, 차此 단전주丹田住는 선정상禪定上으로나 위생상衛生上으로나 실로 일거양득一擧兩得하는 법이니라.

간화선[看話禪, 화두話頭를 들고 좌선함을 이름임]을 주장하는 측에서 혹 이 단전주법을 들으면 곧 **무기**無記의 **사선**死禪에 빠진다 하여 비난非難을 하기 쉬우리라. 그러나 간화선은 사람에 따라 임시의 방편은 될지언정 일반적으로 시키기는 어려운 일이니, 만일 화두만 오래 계속하면 기운이 올라 병을 얻기가 쉽고 또한 화두에 근본적으로 의심이 걸리지 않는 자는 선禪에 취미를 잘 얻지 못하나니라. 그러므로 **서천**西天의 28

정기精氣 : 만물이 생성하는 원기元氣. 생명의 원천이 되는 기운.
무위견고無爲堅固 : 생멸 변화 없이 견고함.
불로장명不老長命 : 늙지 아니하고 오래 삶.
규봉수증의圭峰修證儀 : 당나라 때의 규봉종밀圭峰宗密(780~841)이 지은 책.
무기無記 : 깨어있지 못하고 혼몽한 상태.
사선死禪 : 생명력을 잃은 죽은 선禪.
서천西天 : 중국에서 인도를 가리키는 말.

조사二八祖師와 **동토**東土의 **6대조사**六代祖師와 **청원**淸原 · **남악**南嶽의 제諸 **선사**禪師들도 다 화두話頭를 말씀치 아니하였나니, 만일 정신이 **혼혼**昏昏해지는 거동擧動이 있은 즉 곧 눈을 뜨고 정신을 차려 자리를 고쳐 앉을 것이니라. 그러나 근래 선방禪房과 같이 시간마다 좌선만 힘쓰고 지혜智慧를 밝히지 아니한 즉, **사지**四肢가 게을러지고 마음이 침묵에 빠져 선善 짓기를 즐겨하지 아니하고 대자대비심大慈大悲心을 멀리 떠나 세상에 무용지물無用之物이 되기 쉬웁나니, 이 어찌 참 도道라 하리오.

그러므로 우리는 좌선坐禪하는 시간과 연구硏究하는 시간을 각각 정하고, 선禪을 할 때에는 선을 하고 연구를 할 때에

28조사二八祖師 : 석가모니에게서 정법안장을 물려받은 마하가섭摩訶迦葉으로부터 보리달마菩提達磨에 이르기까지 28명의 조사.

동토東土 : 인도에서 중국을 일컫는 말.

6대조사六代祖師 : 중국 선종의 초조달마初祖達摩에서 육조혜능六祖慧能까지 6명의 조사.

청원淸原 : 청원행사靑原行思(?~740). 당나라 때의 승려. 남악회양과 함께 육조혜능의 2대 제자라고 알려짐.

남악南嶽 : 남악회양南嶽懷讓(677~744). 당나라 때의 승려. 육조혜능에게 가르침을 받고 법을 이어받음.

선사禪師 : 선리禪理에 통달한 수행자. 선정禪定을 닦는 수행자.

혼혼昏昏 : 정신이 가물가물하고 희미한 모양.

사지四肢 : 사람의 두 팔과 두 다리.

는 연구를 하여 **정**定**과 혜**慧**를 쌍전**雙全시키나니, 이와 같이 한즉 **공적**空寂에 빠지지도 아니하고 분별分別에 떨어지지도 아니하여 능히 **동정**動靜 **없는 진여성**眞如性을 **체득**體得할 수 있나니라.

또는 혹 단전丹田이라 하는 말이 본시本是 **선가**仙家의 용어이거늘, 어찌하여 불가佛家에서 단전주를 찬양讚揚해 말하는가 하여 의문疑問을 가질 자가 없지 아니하리라. 단전이라 하는 말이 본시 선가의 용어인 것만은 사실이나 **천태선사**天台禪師의 『수습지관좌선법요』에 왈,

'제하臍下 1촌一寸을 우타나憂陀那라 하며 여기 말로는 단전丹田이라 한다.' 하였나니, 이는 즉 **범어**梵語 중에도 단전을 의미하는 명사名詞가 있음을 증명하는 바라, 우타나는 본시 기식氣息을 의미하는 말인바 단전은 곧 기식의 바다라 하여

정定**과 혜**慧**를 쌍전**雙全 : 정과 혜를 함께 온전히 닦는 수행. 정혜쌍수定慧雙修.
공적空寂 : 공허하여 허무한 상태.
동정動靜 **없는 진여성**眞如性 : 일이 있을 때나 없을 때나 항상 변함이 없는 본래 성품.
체득體得 : 체험하여 얻음.
선가仙家 : 노자老子, 장자莊子 사상을 중심으로 하는 도가道家.
천태선사天台禪師 : 중국 천태종의 개조인 천태지의天台智顗(538~597). 천태산에 들어가 천태학天台學을 확립함.
범어梵語 : 산스크리트어[고대 인도의 표준 문장어]. 불경이나 고대 인도문학은 이것으로 기록됨.

이와 같이 **역출**譯出한 것이니라[우타나를 **자설**自說 우又는 **무명자설**無明自說로 역하여 **12부경**十二部經의 하나로 해석을 하기도 하나, 이는 **기식**氣息의 의미가 궁굴어 성聲[소리]으로 변하고 다시 성聲의 의미가 궁굴어 언어로까지 변하여진 것이니, 원래에 기식을 여의고 하는 말이 아니니라]. 모든 **전기**傳記에 의한 즉 인도에서도 일찍부터,

'**생기**生氣는 우주의 중심中心이요, 만유萬有의 생명이라.' 하여 생기를 **신격**神格으로 숭배하는 풍습風習이 유행流行하였고, 인지人智의 발달을 따라 이 생기를 직접으로 단련시키는 조식법調息法이 있었으며, 불가佛家에서도 일찍부터 이 조식법이 선정상禪定上 부동不動의 한 법칙이 되었나니, 조식이라 함은 즉 정신단좌正身端坐하여 마음과 기운을 **하복부**下腹部에 주住하고 하복부로부터 들고 나는 숨이 있는 것도 같고 없는 것도 같이 관觀하고 앉았음을 이름이라, 이 조식법은

역출譯出 : 번역하여 냄.
자설自說 : 자기의 학설이나 주장.
무명자설無明自說 : 잘못된 의견이나 집착에 의한 자기의 학설이나 주장.
12부경十二部經 : 석가모니의 교설을 그 성질과 형식에 따라 구분하여 12부로 분류하여 놓은 불교 경전.
기식氣息 : 호흡의 기운. 숨을 내쉬고 들이쉬고 하는 기운.
전기傳記 : 한 사람의 일생 동안의 행적을 적은 기록. 전하여 듣고 기록함.
생기生氣 : 싱싱하고 힘찬 기운. 만물을 발육 · 생장하게 하는 힘.
신격神格 : 신으로서의 자격이나 격식.
하복부下腹部 : 배꼽 아래쪽의 배 부분.

선가仙家의 **연단법**煉丹法과 조금도 차이가 없나니, 그러므로 저 『만암법어』에 왈,

'**내관양생**內觀養生의 비결[정야청신靜夜淸晨에 단정히 앉아 마음과 기운을 하단전下丹田에 주住하고 수화水火를 운전시키는 것을 이름임]과 선가 연단煉丹의 **묘술**妙術이 다 불가佛家의 조식법을 근본 한 것이라.' 하였나니, 이로써 볼진대 우리 불가에 일찍부터 단전주법이 있었음을 가히 알지니라.

연단법煉丹法 : 몸의 기운을 단전에 모아 몸과 마음을 수련하는 방법.

내관양생內觀養生 : 분별심을 고요하게 하여 참 마음을 찾아 몸과 마음을 건강하게 하는 것.

묘술妙術 : 보통 인간으로서는 하기 힘든 뛰어난 술법.

제7장 무시선법無時禪法

1. **무시선**無時禪의 해의解義

대범大凡, 선禪이라 함은 원래元來에 **분별주착**分別住着이 없는 각자의 **성품**性品 자리를 **오득**悟得하여 마음의 자유를 얻게 하는 공부인 바, 자고自古로 도道에 뜻을 둔 자 한사람도 선禪을 닦지 아니한 일이 없나니라.

사람이 만일 참다운 선을 닦고자 할진대 먼저 마땅히 **진공**眞空으로 **체**體**를 삼고 묘유**妙有로 **용**用**을 삼아** 밖으로 천만경계千萬境界를 대하되 부동不動함은 태산泰山과 같이 하고, 안으로 마음을 지키되 청정淸靜함은 허공虛空과 같이 하여 동動하여도 동하는 바가 없고 정靜하여도 정하는 바가 없이 그 마음을 작용하라. 이같이 한즉, 모든 분별分別이 항상 정

무시선無時禪 : 언제 어디서나 생활 속에서 하는 선禪 수행.

분별주착分別住着 : 분별은 구별하여 가르는 마음. 주착은 머물러 집착하는 마음.

성품性品 : 본래 마음. 자성, 본성, 진성, 불성 등으로도 표현함.

오득悟得 : 깨달아 얻음.

진공眞空 : 분별주착이 없이 참으로 텅 빈 마음의 상태.

체體**를 삼고** : 근본 바탕으로 삼고.

묘유妙有 : 신령스럽고 조화로운 마음의 작용.

용用**을 삼아** : 작용으로 삼아.

定을 **여의지 아니하여** 육근六根을 작용하는 바가 다 **공적영지**空寂靈知의 **자성**自性에 부합符合이 될 것이니, 이것이 이른바 **대승선**大乘禪이요, 정定과 혜慧를 쌍수雙修하는 법이니라. 그러므로 **경**經에 이르시되,

'**응**應**하여도 주**住**한 바 없이 그 마음을 내라**.' 하시고, 또 **보조국사**普照國師께서 이르시되 '진심眞心의 용用을 **시**施함이 경계에 끌려 나지 아니하나, 다만 묘용妙用으로 유희遊戲하여 인과因果에 어둡지 아니하다[묘용이라 함은 모든 일을 할 때 경계에 끌리지 아니하고 오직 바른 마음 작용함을 이름이요, 유희라 함은 도인道人들이 비록 육근을 **치연**熾然히 작용하되 마음은 항상 편안하고 한가하여 일상생활이 마치 놀기와 같이 수월하다는 말을 표시함이요, 인과에 어둡지 않다는 말은 도인들의 마음이 항상 자성自性의 정定을 여의

여의지 아니하여 : 떠나지 아니하여.
공적영지空寂靈知 : 텅 비어 고요한 가운데 신령스럽게 앎.
자성自性 : 사람이 본래 갖추고 있는 성품.
대승선大乘禪 : 언제 어디서나 모든 사람이 다 행할 수 있고 참다운 깨달음을 얻을 수 있는 선禪.
경經 : 『금강경金剛經』을 가리킴.
응하여도 주住**한 바 없이 그 마음을 내라** : 응당히 주한 바 없이 그 마음을 내라는 뜻. 응무소주이생기심應無所住而生其心.
보조국사普照國師 : 보조지눌普照知訥(1158~1210). 고려 중기의 승려. 『수심결』 등 많은 저술을 남김.
시施 : 은혜를 베풂.
치연熾然 : 마른 나무에 불길이 활활 타오르는 모습.

지 아니하되 일을 대한 즉 일일이 악惡을 끊고 선善을 행함이 분명함을 이름이니라].' 하였으며, 또 이르시되,

'**호리**毫釐도 분별分別이 없으되 인연을 만난 즉 어둡지 아니하며, 한 생각도 취取하고 사捨함이 없으되 물건을 대한 즉 다 응용應用한다.' 하였고, 또 『**조론**肇論』에 이르시되,

'성인聖人은 유有에 처處하되 있지도 아니하고, 무無에 거居하되 없지도 아니하여 유무有無를 취取하지도 아니하고 사捨하지도 않는다.' 하였으며, 또 『**혈맥론**血脈論』에 이르시되,

'성인聖人은 **종종**種種의 분별이 다 성품性品을 여의지 아니하여 일체 **시중**時中에 **언어도**言語道**가 끊어지고 심행처**心行處가 멸滅한다.' 하였고, 또 육조대사六祖大師께서 이르시되,

'**육식**六識이 **육진**六塵 중에 출입하되 물들지도 아니하고 섞

호리毫釐 : 털 끝. 매우 적은 분량을 비유적으로 표현한 말.

조론肇論 : 중국 후진後進의 승려인 승조僧肇(384~414)가 노장사상의 깊은 이해 위에 대승교학을 논한 저서.

혈맥론血脈論 : 달마대사(?~495, ?~528)가 지었다고 전해지는 선서禪書. 견성사상을 중심으로 하여 전불후불前佛後佛 · 이심전심以心傳心 · 불립문자不立文字를 설함.

종종種種 : 가끔.

시중時中 : 그 당시의 사정에 알맞음.

언어도言語道**가 끊어지고** : 말로써는 설명할 수도 없고, 글로써도 표현할 수 없음.

심행처心行處 : 마음이 움직여 가는 곳.

육식六識 : 육경六境의 대상을 육근六根에 따라 인식하는 여섯 가지 마음의 작용. 곧 안식眼識 · 이식耳識 · 비식鼻識 · 설식舌識 · 신식身識 · 의식意識의 총칭.

이지도 아니하여 거래去來를 자유로 하는 것이 **반야삼매**般若三昧라.' 하였나니 일언一言으로써 말할진대, 이는 다 천만경계 중에서 동動치 않는 행行을 닦는 대법大法이라, 이 법이 심히 어려운 것 같으나 닦는 법만 자상히 알고 보면 괭이를 든 농부農夫도 선禪을 할 수 있고, **마치**를 든 **공장**工匠이도 선禪을 할 수 있으며, **산판**算板을 든 점원店員도 선禪을 할 수 있고, **정사**政事를 잡은 관리官吏도 선禪을 할 수 있으며, 내왕來往하면서도 선禪을 할 수 있고, 집에서도 선禪을 할 수 있나니, 어찌 구차히 처소處所를 택하며 동정動靜을 말하리오.

그러나 처음으로 선禪을 닦는 자는 마음이 마음대로 잘 되지 아니하여 마치 저 소[우牛] 길들이기와 흡사하나니, 잠깐이라도 마음의 고삐를 놓고 보면 곧 **도심**道心이 상傷하게 되나니라. 그러므로 아무리 욕심나는 경계를 대할지라도 끝까지 싸우는 정신을 놓지 아니하고 힘써 행한즉 마음이 차차 **조숙**

육진六塵 : 인간의 본성을 흐리게 하는 여섯 가지 경계. 곧, 육근을 작용할 때 그 대상이 되는 색色・성聲・향香・미味・촉觸・법法의 육경六境.

반야삼매般若三昧 : 반야[해탈. 무념]에 머무름.

마치 : 못을 박거나 무엇을 두드리는 데 쓰는 연장.

공장工匠 : 물건 만드는 것을 직업으로 하는 사람.

산판算板 : 주판[珠板, 셈을 하는 데 쓰는 계산 도구 중의 하나]과 같은 말.

정사政事 : 정치 또는 행정상의 일.

도심道心 : 정법을 믿고 수행하여 진리를 깨쳐 얻으려는 마음.

조숙調熟 : 골라지고 익어짐.

調熟되어 마음을 마음대로 하는 지경地境에 이르나니, 경계를 대할 때마다 공부할 때가 돌아온 것을 **염두**念頭에 잊지 말고 항상 끌리고 안 끌리는 대중만 잡아갈지니라. 그리하여, 마음을 마음대로 하는 건수件數가 차차 늘어가는 거동이 있은즉 시시時時로 평소에 심甚히 좋아하고 싫어하는 경계에 놓아 맡겨 보되 만일 마음이 여전히 동動하면 이는 도심道心이 미숙한 것이요, 동動치 아니하면 이는 도심이 익어가는 증거인 줄로 알라. 그러나 마음이 동動치 아니한다 하여 즉시에 방심放心은 하지 말라. 이는 **심력**心力을 써서 동動치 아니한 것이요 자연히 동動치 않는 것이 아니니, 놓아도 동動치 아니하여야 길이 잘 든 것이니라.

사람이 만일 오래오래 선禪을 계속하여 모든 번뇌를 끊고 마음의 자유를 얻은즉, **철주**鐵柱**의 중심**이 되고 **석벽**石壁**의 외면**外面이 되어 부귀영화도 능히 그 마음을 달래어 가지 못하고 무기와 권세로도 능히 그 마음을 굽히지 못하며, 일체법一切法을 행하되 걸리고 막히는 바가 없고, **진세**塵世에 처

염두念頭 : 마음의 속. 생각의 맨 처음.

심력心力 : 의식적으로 노력하는 마음의 힘.

철주鐵柱**의 중심**中心 **석벽**石壁**의 외면**外面 : 쇠기둥의 중심, 돌로 된 벽의 외면. 경계에도 흔들리지 않을 정도로 철저하고 튼튼하다는 말의 표현.

진세塵世 : 티끌세상. 온갖 번뇌가 가득한 인간의 현실 세상을 비유.

處하되 항상 **백천삼매**百千三昧를 얻을 지라, 이 지경에 이른즉 **진대지**盡大地가 **일진법계**一眞法界로 화化하여 **시비선악**是非善惡과 **염정제법**染淨諸法이 다 제호[醍醐, 제호라 함은 우유牛乳로써 정제精製한 오미五味 중 **최상미**最上味이니, 즉 선악善惡이 **구공**俱空한 자성극락自性極樂의 **묘미**妙味를 표시表示하는 말임]의 **일미**一味를 이루리니 이것이 이른바 **불이문**不二門이라, 생사자유生死自由와 **윤회해탈**輪廻解脫과 **정토극락**淨土極樂이 다 이 문으로 좇아 나오나니라.

근래近來에 선禪을 닦는 무리가 선禪을 대단히 어렵게 생각하여 처자妻子가 있어도 못할 것이요, 직업職業을 가져도 못할 것이라 하여, 산중山中에 들어가 조용히 앉아야만 할 수

백천삼매百千三昧 : 수많은 일 속에서도 산란함이 없이 지극히 고요하고 평온한 상태를 누림.
진대지盡大地 : 모든 세상. 온 세상.
일진법계一眞法界 : 하나의 참된 실상의 세계.
시비선악是非善惡 : 옳고 그름과 선함과 악함.
염정제법染淨諸法 : 더럽고 깨끗한 모든 존재와 현상. 번뇌와 보리菩提 등.
최상미最上味 : 가장 좋은 맛. 최상의 맛.
구공俱空 : 모두 텅 비어 있음. 유有라고도 할 수 없고, 무無라고도 할 수 없는 경지.
묘미妙味 : 신비롭고 좋은 맛.
일미一味 : 차별이 없는 하나의 맛. 최상의 맛.
불이문不二門 : 둘이 아닌 문. 상대적인 모든 차별이 사라진 세계.
윤회해탈輪廻解脫 : 윤회의 속박에서 벗어나 자유롭게 되는 것.

있다는 주견主見을 가진 자가 많나니, 이것은 **제법불이**諸法不二의 **대법**大法을 모르는 연고緣故이라, 만일 앉아야만 선禪을 하는 것일진대 서는 때는 선禪을 못하게 될 것이니, 앉아서만 하고 서서 못하는 것은 병든 선禪이라 어찌 중생을 건지는 대법大法이 되리오. **불시**不啻**라**, 성품性品의 자체가 한갓 공적空寂에만 그친 것이 아니니, 만일 **무정물**無情物과 같은 선禪을 닦을진대 이것은 성품을 단련하는 선공부禪工夫가 아니요, **무용**無用**한** 병신病身을 만드는 일이니라. 그러므로 육조대사六祖大師께서 이르시되,

'목석과 같은 **부동행**不動行을 닦지 말고, 동動하는 가운데 부동행不動行을 닦으라.' 하시고, 또 **방거사**龐居士께서 이르시되,

'다만 경계에 끌리지 않기를 원할지언정, 경계를 없애려고

정토극락淨土極樂 : 정토 또는 서방정토, 극락세계와 같은 말.
제법불이諸法不二 : 우주 간에 천만 가지로 나누어져 있는 모든 사물이 형형색색인 것 같으나 그 근본은 다 하나라는 뜻.
대법大法 : 큰 법. 크고 참된 가르침.
불시不啻**라** : 뿐만 아니라.
무정물無情物 : 영식靈識이 있는 생명체를 제외한 만물.
무용無用**한** : 쓸모없는.
부동행不動行 : 천만경계에 부딪쳐서도 거기에 흔들리거나 움직이지 아니함.
방거사龐居士 : 온蘊(?~808). 중국 당나라 때의 불교 신자. 우리나라의 부설거사, 인도의 유마거사와 함께 동양의 3대 거사로 알려짐.

하지는 말라.' 하였으며, 또 **영가선사**永嘉禪師께서 이르시되,

'가도 선禪이요 앉아도 선禪이라, **어묵동정**語默動靜에 체體가 **완연**宛然하다.' 하였나니, 이는 다 어디서든지 선禪하는 법을 밝히심이라, 시끄러운 데 처해도 마음이 요란치 아니하고 욕심 경계를 대하여도 마음이 동動치 아니하여야 이것이 참 선禪이요 참 정定이니, 다시 이 무시선無時禪의 강령綱領을 들어 말하면 아래와 같나니라.

'육근六根이 **무사**無事하면 잡념雜念을 제거除去하고 일심一心을 양성養成하며, 육근六根이 **유사**有事하면 불의不義를 제거하고 정의正義를 양성하라.'

영가선사永嘉禪師 : 영가현각永嘉玄覺(637~713). 당나라 때 승려. 선禪의 세계를 밝힌 「증도가證道歌」 등을 저술함.

어묵동정語默動靜 : 말하고 침묵하고 행동하고 고요히 있다는 뜻으로, 일상적인 언동의 일체를 가리키는 말.

완연宛然 : 뚜렷하고 분명한 모양.

무사無事 : 일이 없을 때.

유사有事 : 일이 있을 때.

제8장 **계문**戒文

1. **보통급**普通級 10계문

1) **연고**緣故 없이 살생殺生을 말며.

2) **도적**盜賊질을 말며.

3) **간음**姦淫을 말며.

4) 술을 마시지 말며.

5) **잡기**雜技를 말며.

6) 악惡한 말을 말며.

7) 연고 없이 **쟁투**爭鬪를 말며.

8) **공금**公金을 범犯하여 쓰지 말며.

9) 연고 없이 **심교간**心交間 금전金錢을 **여수**與授하지 말며.

10) 담배를 먹지 말라.

계문戒文 : 악을 범하지 않도록 제시한 규범.

보통급普通級 : 원불교 법위 6등급 중의 첫째 단계. 도문道門에 처음 입문한 단계.

연고緣故 : 정당한 이유. 까닭.

도적盜賊 : 도둑.

간음姦淫 : 부당한 남녀관계 등 건전하지 못한 성적性的 행위.

잡기雜技 : 사행심을 조장하거나 방탕한 생활로 이끄는 놀이.

쟁투爭鬪 : 다투어 싸움.

공금公金 : 공적인 돈.

심교간心交間 : 마음으로 사귀는 절친한 사이.

여수與授 : 빌려주거나 빌림.

단, 제4조 · 제10조는 특별히 연고緣故가 유有할 시에는 **차한**此限에 **부재**不在함.

2. **특신급**特信級 10계문

1) **공중사**公衆事를 단독單獨히 처리處理하지 말며.
2) 다른 사람의 **과실**過失을 말하지 말며.
3) **금은보패**金銀寶貝 구求하는 데에 정신을 빼앗기지 말며.
4) 의복衣服을 빛나게 꾸미지 말며.
5) 정당正當치 못한 벗을 좇아 놀지 말며.
6) 두 사람이 아울러 말하지 말며.
7) 신용信用 없지 말며.
8) 비단 같이 꾸미는 말을 하지 말며.
9) 연고 없이 때 아닌 때 잠자지 말며.
10) 예禮 아닌 노래 부르고 춤추는 자리에 좇아 놀지 말라.

차한此限 : 이 한계限界. 이 한정.
부재不在 : 그곳에 있지 아니함.
특신급特信級 : 원불교 법위 6등급 중의 둘째 단계. 특별한 믿음이 세워진 단계.
공중사公衆事 : 공적인 일.
과실過失 : 부주의나 태만 따위에서 비롯된 잘못이나 허물.
금은보패金銀寶貝 : 금은보배[금, 은, 옥, 진주 따위의 매우 귀중한 물건]의 원말.

3. **법마상전급**法魔相戰級 10계문

1) **아만심**我慢心을 내지 말며.
2) 두 아내를 거느리지 말며.
3) 연고 없이 **사육**四肉을 먹지 말며.
4) **나태**懶怠하지 말며.
5) 한 입으로 두 말 하지 말며.
6) **망녕**妄佞**된 말**을하지 말며.
7) **시기심**猜忌心을 내지 말며.
8) **탐심**貪心을 내지 말며.
9) **진심**瞋心을 내지 말며.
10) **치심**痴心을 내지 말라.

법마상전급法魔相戰級 : 원불교 법위 6등급 중의 셋째 단계. 속 깊은 공부심으로 삿된 마음을 극복해가는 단계.
아만심我慢心 : 겸손함이 없이 자만하는 마음.
사육四肉 : 네 발 가진 짐승의 고기.
나태懶怠 : 게으르고 일처리에 늦음.
망녕妄妄**된 말** : 이치와 도리에 어긋난 말.
시기심猜忌心 : 남이 잘되는 것을 샘하고 미워하는 마음.
탐심貪心 : 욕심내는 마음.
진심瞋心 : 화내는 마음.
치심痴心 : 어리석은 마음.

제9장 **솔성요론**率性要論

1. 사람만 믿지 말고 그 법法을 믿을 일.
2. 열 사람의 법을 응應하여 제일 좋은 법으로 믿을 일.
3. **사생**四生 중 사람이 된 이상에는 배우기를 좋아할 일.
4. 지식知識 있는 사람이 지식이 있다 함으로써 그 배움을 놓지 말 일.
5. **주색낭유**酒色浪遊하지 말고 그 시간에 진리를 연구研究할 일,
6. 한 편에 **착**着하지 아니할 일.
7. 모든 사물事物을 **접응**接應할 때에 공경심恭敬心을 놓지 말고, 탐貪한 욕심慾心이 나거든 사자와 같이 무서워할 일.
8. **일일시시**日日時時로 자기가 자기를 가르칠 일.

솔성요론率性要論 : 마음을 다스리고 인격 완성을 위해 권장하는 중요 실천 덕목.
사생四生 : 일체생령이 태어나는 네 가지 유형. 태생[胎生, 태를 통해 태어나는 것] · 난생[卵生, 알로 태어나는 것] · 습생[濕生, 습지에서 태어나는 것] · 화생[化生, 의지한데 없이 태어나는 것].
주색낭유酒色浪遊 : 주색잡기에 빠져 방탕한 생활을 함.
착着 : 집착.
접응接應 : 응접[應接, 손님을 맞아들여 접대함. 어떤 사물에 접촉함]과 같은 말.
일일시시日日時時 : 날마다 때때로. 시시때때로.

9. 무슨 일이든지 잘못된 일이 있고 보면 남을 원망하지 말고 자기를 살필 일.
10. 다른 사람의 그릇된 일을 **견문**見聞하여 자기의 그름은 깨칠지언정 그 그름을 드러내지 말 일.
11. 다른 사람의 잘된 일을 견문하여 세상에다 **포양**布揚하며 그 잘된 일을 잊어버리지 말 일.
12. 정당正當한 일이거든 내 일을 생각하여 남의 세정細情을 알기로 할 일.
13. 정당한 일이거든 아무리 하기 싫어도 죽기로써 할 일.
14. 부당不當한 일이거든 아무리 하고 싶어도 죽기로써 아니할 일.
15. 다른 사람의 원願 없는 데에는 무슨 일이든지 권勸하지 말고 자기 할일만 할 일.
16. 어떠한 원願을 발發하여 그 원을 이루고자 하거든 보고 듣는 대로 원하는 데에 대조對照하여 **연마**研磨할 일.

견문見聞 : 보고 들음.
포양布揚 : 널리 드러내어 알림.
연마研磨 : 갈고 닦음.

제10장 **최초법어**最初法語

1. **수신**修身의 요법要法

1) 시대時代를 따라 학업學業에 종사從事하여 모든 학문學文을 준비할 것이오.

2) 정신精神에 수양력修養力이 능能하여야 분수分數 지키는 데 안정安定을 얻을 것이며, **희**喜 · **로**怒 · **애**哀 · **락**樂의 경우를 당하여도 정의正義를 잃지 아니할 것이오.

3) **일과 이치**理致에 연구력硏究力이 능하여야 허위虛僞와 사실事實을 분석分析하여 시비是非와 이해利害에 판단함이 빠를 것이오.

4) 응용應用할 때 취사取捨하는 주의심注意心을 놓지 아니하고 **지행**知行을 같이 할 것이니라.

최초법어最初法語 : 소태산 대종사가 깨달음을 얻은 후 제자들에게 최초로 설한 법문.

수신修身 : 심신을 바르게 닦음.

희로애락喜怒哀樂 : 기쁨과 노여움과 슬픔과 즐거움.

일과 이치理致 : 인간사와 우주 자연의 이치.

지행知行 : 지식과 행동. 아는 것과 실천하는 것.

2. **제가**齊家의 요법

1) **실업**實業과 의衣 · 식食 · 주柱를 완전히 하고 매일 수입收入 지출支出을 대조對照하여 근검저축하기를 주장主張할 것이오.

2) 호주戶主된 자가 견문見聞과 학업學業을 잊어버리지 아니하며, 자녀子女의 교육을 잊어버리지 아니하며, **상봉하솔**上奉下率의 책임을 잊어버리지 아니할 것이오.

3) **가권**家眷이 서로 화목和睦하며, 의견교환意見交換하기를 주장할 것이오.

4) 내면內面으로 **심리**心理 밝혀 주는 도덕道德의 **사우**師友가 있으며, 외면外面으로 규칙規則 밝혀주는 정치政治에 복종服從이 있어야 할 것이오.

5) 과거와 현재의 모든 가정이 어떠한 희망과 어떠한 기관機關으로 안락安樂한 가정이 되었으며, 실패한 가정이 되었는가 참조參照하기를 주의할 것이니라.

제가齊家 : 가정을 바르게 다스림.
실업實業 : 생산 경제에 관한 사업.
상봉하솔上奉下率 : 웃어른을 봉양하고 아랫사람을 거느림.
가권家眷 : 가족과 권속.
심리心理 : 마음의 작용과 의식의 상태.
사우師友 : 스승과 벗.

3. **강자약자**强者弱者**의 진화상**進化上 **요법**

1) 강强 · 약弱의 **대지**大旨를 들어 말하면 **모사**某事를 물론하고 이기는 것은 강이요 지는 것은 약이라, 강자는 약자로 인하여 강의 목적을 달하고 약자는 강자로 인하여 강을 얻는 고로 서로 의지하고 서로 바탕하여 친불친親不親이 있나니라.

2) 강자强者는 약자弱者에게 대하여 강을 베풀 때에 **자리이타**自利利他에 그치며, 약자를 강자로 진화進化시키는 것이 영원한 강자가 될 것이요, 약자는 강자로서 선도자先導者를 삼고 어떠한 천신만고千辛萬苦가 있다 하여도 약자의 자리에서 강자의 자리에 이르기까지 진보進步하여 가는 것이 다시없는 강자가 될 것이다. 강자가 강자 노릇을 할 때에 어찌하면 이 강이 영원한 강이 되고 어찌하면 강이 변變하여 약이 되는 것인지 생각 없이 다만 **자리타해**自利他害에만 그치고 보면 강자로서 약자가 될

강자약자强者弱者**의 진화상**進化上 **요법** : 소태산 대종사가 제시한 역사 발전의 원리.

대지大旨 : 대의大義와 요지.

모사某事 : 아무 일.

자리이타自利利他 : 나와 다른 사람이 함께 이로움.

천신만고千辛萬苦 : 천 가지 매운 것과 만 가지 쓴 것. 온갖 어려운 고비.

자리타해自利他害 : 자신만 이롭게 하고 다른 사람을 해롭게 함.

것이요, 약자는 강자되기 전에 어찌하면 약자가 변하여 강자되고 어찌하면 강자가 변하여 약자 되는 것인지 생각 없이 다만 강자를 대항對抗하기로만 하고 약자가 강자되는 이치를 찾지 못하는 것이 영원한 약자가 될 것이니라.

4. 지도인指導人으로서 준비準備할 요법

1) 지도를 받는 자의 이상 지식智識을 가질 일.
2) 지도를 받는 자에게 신용信用을 잃지 말 일.
3) 지도를 받는 자에게 **사리**私利를 취取하지 말 일.
4) 일을 당할 때마다 지행知行을 대조對照할 일.

사리私利 : 사사로운 이익.

제11장 **참회문**懺悔文〈**부게**附偈〉

음양상승陰陽相勝**의 도**道를 따라 **선행자**善行者는 후일後日에 **상생**相生**의 과보**果報를 받고 **악행자**惡行者는 후일에 **상극**相剋**의 과보**를 받는 것이 호리毫釐도 틀림이 없으되, 영원히 **참회개과**懺悔改過하는 자는 능히 상생 상극의 **업력**業力을 벗어나서 **죄복**罪福**을 자유**自由로 할 수 있나니, 그러므로 제불조사諸佛祖師가 **이구동음**異口同音으로 **참회문**懺悔門을 열어 놓으셨나니라.

대범大凡, **참회**懺悔라 하는 것은 옛 생활을 버리고 새 생활

참회문懺悔文 : 과거의 잘못을 뉘우치고 새 생활을 다짐하는 글.
부게附偈 : 게偈를 붙임[참회게懺悔偈를 붙임].
음양상승陰陽相勝**의 도**道 : 음과 양의 두 기운이 서로 작용하여 천지 만물을 생성 변화시키는 원리.
선행자善行者 : 착하고 어진 행실을 한 사람.
상생相生**의 과보**果報 : 서로 살리는 은혜가 발현되는 결과.
악행자惡行者 : 악독한 행위를 한 사람.
상극相剋**의 과보**果報 : 서로 해를 끼치는 해독이 나타나는 결과.
참회개과懺悔改過 : 과거의 잘못을 뉘우치고 고침.
업력業力 : 과보를 나타나게 하는 업의 힘.
죄복罪福**을 자유**自由 : 죄와 복에 얽매이지 않고 초월함.
이구동음異口同音 : 이구동성[異口同聲, 여러 사람이 똑같이 말함]과 같은 말.
참회문懺悔門 : 참회를 통해 향상할 수 있는 관문關門과 길.
참회懺悔 : 자신이 범한 죄나 과오를 깨닫고 뉘우치는 일.

을 개척하는 **초보**初步이며, **악도**惡道를 놓고 **선도**善道에 들어오는 **초문**初門이라, 사람이 만일 과거의 잘못을 참회하여 날로 선도를 행한즉 **구업**舊業은 날로 사라지고 **신업**新業은 다시 짓지 아니하여 선도는 점점 가까워지고 악도는 스스로 멀어지나니라.

그러므로 『**법원**法苑』에 이르시되, '참회를 성심誠心으로 한즉 중重한 업業은 **경**輕**해지고** 경한 업은 **소멸**消滅되나니라.' 하였고, 또 『**원각경**圓覺經』에 이르시되, '**둔근중생**鈍根衆生이 불도佛道를 이루고자 하나 성취함을 얻지 못할진대, 항상 부지런히 참회하라. 만일 모든 **업장**業障을 소멸하면 부처님의

초보初步 : 처음으로 내딛는 걸음.
악도惡道 : 어둡고 괴로운 길. 또는 육도 중 지옥 · 아귀 · 축생 · 수라계의 윤회.
선도善道 : 밝고 행복한 길. 또는 육도 중 천상 · 인간계의 윤회.
초문初門 : 첫 관문.
구업舊業 : 과거에 지은 업.
신업新業 : 새로 짓는 업.
법원法苑 : 『법원주림法苑珠林』의 약칭. 중국 당唐나라 율종승인 도세道世(?~683)가 지은 불법승佛法僧 삼보三寶에 관한 백과사전적 책.
경輕**해지고** : 가벼워지고.
소멸消滅 : 사라져 없어짐.
원각경圓覺經 : 『대방광원각수다라요의경大方廣圓覺修多羅了義經』의 약칭. 당나라 때에 북인도의 승려 불타다라佛陀多羅가 한문으로 번역한 경전.
둔근중생鈍根衆生 : 하근기의 중생. 대도정법을 쉽게 이루기 어려운 사람.
업장業障 : 과거에 지은 업으로 인하여 받게 되는 온갖 장애 또는 과보를 나타나

경계가 앞에 나타 나나니라.' 하였으며, 또 『**미증유경**未曾有經』에 이르시되, '**전심작악**前心作惡은 구름이 해를 가린 것과 같고 **후심기선**後心起善은 밝은 불이 어둠을 파함과 같나니라.' 하였고, 또 『**대집경**大集經』에 이르시되, '백년百年이나 때 묻은 옷이라도 일일一日에 세탁하여 능히 청정淸淨케 함과 같이 **백천겁**百千劫에 쌓이고 쌓인 모든 **불선업**不善業도 **불법력**佛法力으로 잘 밝히고 보면 일일일시一日一時에 능히 소멸되나니라.' 하였으며, 또 『**심지관경**心地觀經』에 이르시되, '참회는 능히 **번뇌신**煩惱薪을 태우며, 참회는 능히 **천로**天路**에**

게 하는 업의 힘.

미증유경未曾有經 : 중국 후한後漢시대(25~220)에 번역자 미상의 번역본으로 부처 · 보살이 나타낸 여러 가지 진귀한 기적을 기술한 경문.

전심작악前心作惡 : 죄를 지었던 예전의 마음.

후심기선後心起善 : 선을 행하려는 이후의 마음.

대집경大集經 : 『대방등대집경大方等大集經』의 약칭. 부처가 시방十方의 불보살들에게 대승의 법을 설명한 경전.

백천겁百千劫 : 수많은 세월.

불선업不善業 : 자신과 남에게 해가 되는 그릇된 행위와 말과 생각.

불법력佛法力 : 부처의 법력.

심지관경心地觀經 : 『대승본생심지관경大乘本生心地觀經』의 약칭. 밀교에 기반을 둔 경전.

번뇌신煩惱薪 : 번뇌를 땔나무에 비유하는 말. 번뇌가 일어나면 지혜를 불태워 버린다는 뜻.

천로天路**에 왕행**往行 : 천상天上에 태어남.

왕행往行케하며, 참회는 능히 **사선락**四禪樂을 얻게 하며, 참회는 능히 **여의보주**如意寶珠를 내려주며, 참회는 능히 **금강수**金剛壽를 연延하게 하며, 참회는 능히 **상락궁**常樂宮에 들게 하며, 참회는 능히 **삼계옥**三界獄에 출出케 하며, 참회는 능히 **보리화**菩提花를 피게 하며, 참회는 능히 보소[寶所, 보소는 곧 모든 보물이 많이 싸여 있는 곳을 이름이니, 온갖 지혜智慧와 복덕福德이 본시 구족具足한 자성自性과 **불**佛 · **법**法 · **승**僧 **삼보**三寶를 갖춘 수도장修道場을 이름임]에 이르게 하며, 참회는 능히 불佛의 **대원각**大圓覺을 득得케 하나니라.' 하였나니, 이로써 볼진대 참회의 공덕功德이 중重하고 큼을 가히 알지로다.

죄罪는 본래 마음으로 좇아 일어난 것이라 반드시 마음이

사선락四禪樂 : 사선정[四禪定, 욕계欲界를 떠나 색계色界에서 도를 닦는 초선初禪 · 이선 · 삼선 · 사선의 네 단계]을 닦아서 색계의 사선천[四禪天, 초선천初禪天 · 이선천 · 삼선천 · 사선천]에 태어나 누리는 천상락.

여의보주如意寶珠 : 용이 지니고 있다고 전해지는 신비한 구슬로 무엇이든지 마음대로 이룰 수 있는 권능을 비유한 표현.

금강수金剛壽 : 금강 같은 한량없는 수명.

상락궁常樂宮 : 기쁨의 극치.

삼계옥三界獄 : 삼계인 욕계欲界, 색계色界, 무색계無色界를 감옥에 비유.

보리화菩提花 : 깨달음을 얻었다는 뜻. 깨달음을 얻은 것을 꽃이 활짝 핀 것에 비유.

불법승佛法僧 **삼보**三寶 : 불佛은 법신불 또는 깨달음을 얻은 모든 부처, 법法은 부처의 가르침, 승僧은 선지식 또는 출가 수행자. 불 · 법 · 승 세 가지를 보물에 비유.

대원각大圓覺 : 크고 원만하고 완전한 깨달음. 대원정각大圓正覺의 준말.

멸滅**함**을 따라 없어질 것이며, 업業은 본래 **무명**無明인지라 반드시 자성自性의 혜광慧光을 따라 없어지나니, 죄고罪苦에 신음呻吟하는 자들이여! 어찌 이 문에 들지 아니하리오.

그러나 죄업의 근본은 **탐**貪 · **진**瞋 · **치**痴라 아무리 참회를 한다 할지라도 후일에 또다시 악을 범하고 보면 죄도 또한 멸할 날이 없으며, 또는 악도에 떨어질 **중죄**重罪를 지은 자가 일시적 참회로써 약간의 복을 짓는다 할지라도 원래의 탐 · 진 · 치를 그대로 두고 보면 복은 복대로 받고 죄는 죄대로 남아 있게 되나니, 비하건대 가마솥 가운데 끓는 물을 냉하게 만들고자 하는 자가 위에다가 한두 통의 냉수만 갖다 붓고, 밑에서 타는 불을 그대로 둔즉 불의 힘은 강하고 냉수의 힘은 약하여 **하시**何時든지 그 물이 냉해지지 아니함과 같나니라. 세상에 **전과**前過를 뉘우치는 자는 많되 **후과**後過를 범犯치 않는 자는 적으며, 일시적 참회심으로써 한두 가지의

멸滅**함** : 사라짐.

무명無明 : 근본적인 어두움. 깨닫지 못한 데에서 비롯한 근본적인 어리석음.

탐진치貪瞋痴 : 세 가지 해로운 마음[삼독심三毒心]. 탐심[貪心, 욕심내는 마음] · 진심[瞋心, 화내는 마음] · 치심[痴心, 어리석은 마음].

중죄重罪 : 무거운 죄.

하시何時 : 어느 때에.

전과前過 : 과거에 지은 잘못.

후과後過 : 미래에 저지를 수 있는 잘못.

복을 짓는 자는 있으되 심중의 탐 · 진 · 치는 그대로 두나니, 어찌 죄업罪業이 청정淸淨하기를 바라리오.

참회의 방법은 **자래**自來로 2종이 유有하나니, 1은 사참事懺이요 2는 이참理懺이라, 사참이라 함은 성심誠心으로써 삼보 전三寶前에 **죄과**罪過를 뉘우치며 날로 모든 선善을 행行함을 이름이요, 이참이라 함은 원래에 **죄성**罪性이 공空한 자리를 깨쳐 안으로 모든 **번뇌망상**煩惱妄想을 제거해 감을 이름이니, 사람이 만일 영원히 **죄악**罪惡을 벗어나고자 할진대 마땅히 차此를 **쌍수**雙修하여 밖으로 모든 선업을 계속 수행하는 동시에 안으로 자신의 탐 · 진 · 치를 제거할지니라. 이같이 한즉, 저 가마솥 가운데 끓는 물을 냉하게 만들고자 하는 자가 위에다가 냉수도 많이 붓고 밑에서 타는 불도 꺼버림과 같아 아무리 백천겁百千劫에 쌓이고 쌓인 죄업일지라도 곧 청정해 지나니라.

또는, 공부자工夫者가 만일 성심誠心으로 참회수도懺悔修道

자래自來 : 자고이래[自古以來, 옛날부터 지금까지]라는 말.
죄과罪過 : 죄가 될 만한 허물.
죄성罪性 : 죄업의 근본 바탕.
번뇌망상煩惱妄想 : 번뇌는 마음이나 몸을 괴롭히는 노여움이나 욕망 따위의 망념妄念. 망상은 헛된 생각. 망념. 잡념.
죄악罪惡 : 큰 죄가 될 만한 악행. 악과를 받게 될 나쁜 행위.
쌍수雙修 : 두 가지[이참과 사참]를 같이 닦음.

하여 적적성성寂寂惺惺한 **자성불**自性佛을 깨쳐 마음의 자유를 얻고 보면, **천업**天業을 **임의**任意로 하고 생사生死를 자유로 하여 취取할 것도 없고 사捨할 것도 없고 미워할 것도 없고 사랑할 것도 없어서 **삼계육도**三界六道가 **평등일미**平等一味요, **동정역순**動靜逆順이 **무비삼매**無非三昧라, 이러한 자는 **천만죄고**千萬罪苦가 더운 물에 얼음 녹듯 하며 고苦도 고가 아니요 죄罪도 죄가 아니며, 항상 자성自性의 혜광慧光이 발하여 진대지盡大地가 시是 도량道場이요, 진대지가 시是 정토淨土라 **내외중간**內外中間에 **일모**一毛의 **죄상**罪相도 찾아볼 수 없

자성불自性佛 : 본래 성품이 곧 부처임.

천업天業 : 하늘이 내린 업. 천지자연의 조화 속에서 인간이 받는 제약. 생로병사, 윤회 등.

임의任意 : 자기 생각대로 하는 일.

삼계육도三界六道 : 삼계는 욕계, 색계, 무색계로 중생들이 윤회하는 세계. 육도는 중생이 업의 원인에 따라 윤회하는 여섯 세계로 천상, 인간, 수라, 축생, 아귀, 지옥.

평등일미平等一味 : 차별이 없는 하나의 맛. 윤회의 굴레를 벗어나 모든 세계를 극락으로 수용한다는 의미.

동정역순動靜逆順 : 일 있을 때와 일 없을 때, 역경과 순경. 언제 어디서나 항상.

무비삼매無非三昧 : 삼매의 경지가 아님이 없음.

천만죄고千萬罪苦 : 수없이 지은 죄 때문에 받는 괴로움.

내외중간內外中間 : 안과 밖 그 가운데. 전체.

일모一毛 : 한 가닥의 털이라는 뜻으로, 지극히 적은 분량을 이르는 말.

죄상罪相 : 죄의 모습, 흔적.

나니, 이것이 이른바 **불조**佛祖**의 참회**요, **대승**大乘**의 참회**라 이 지경地境에 이르러야 가히 죄업罪業을 필畢하였다 하리라.

근래近來에 자칭 도인道人의 무리가 **왕왕**往往이 출현出現하여 함부로 입을 열어 '**음주식육**飮酒食肉이 **무방반야**無妨般若요, **행도행음**行盜行淫이 **불해보리**不害菩提라.' 하여, **계율**戒律과 인과因果를 중히 알지 아니하고 날로 **자행자지**自行自止를 행行하면서 **자운**自云 **무애행**無碍行이라 하여 **불문**佛門을 더럽히는 일이 없지 아니하나니, 이것은 자성自性의 분별分別 없는 줄만 알고 분별 있는 줄을 모르는 연고이라, 어찌 **유무초**

불조佛祖**의 참회**懺悔 : 부처와 조사가 행하는 진정한 참회.
대승大乘**의 참회**懺悔 : 수많은 중생을 죄악에서 벗어나게 하는 참회.
왕왕往往 : 이따금. 때때로.
음주식육飮酒食肉 : 술 마시고 고기 먹는 것. 곧 계문을 범하는 행위.
무방반야無妨般若 : 반야의 지혜를 얻는데 결코 방해가 되지 않음.
행도행음行盜行淫 : 도둑질을 하고 음행을 하는 것. 곧 계문을 범하는 행위.
불해보리不害菩提 : 텅 빈 마음으로 하면 보리심을 얻는데 조금도 방해가 되지 않음.
계율戒律 : 악을 범하지 않도록 성자들이 제시한 규범.
자행자지自行自止 : 자기 마음대로 하고 싶으면 하고 하기 싫으면 하지 않음.
자운自云 : 스스로 이르기를. 스스로 말하기를.
무애행無碍行 : 걸림이 없는 행동.
불문佛門 : 부처님의 문하.
유무초월有無超越 : 모든 존재의 있고 없는 변화를 넘어섬. 있다고도 할 수 없고 없다고도 할 수 없는 진리의 모습.

월有無超越의 참 도를 알았다 하리오. 또는 **견성**見性만으로써 공부를 다 한 줄로 알고, 견성 후에는 참회도 소용이 없고 수행修行도 소용이 없이 생각하는 자가 많으나, 비록 견성을 하였다 할지라도 **천만번뇌**千萬煩惱와 모든 착심着心이 동시에 소멸되는 것이 아니요, 또는 **삼대력**三大力을 얻어 **성불**成佛을 하였다 할지라도 능히 **정업**定業은 면치 못하는 것이니, 마땅히 이 점에 주의하여 **사견**邪見에 빠지지 말며 불조佛祖의 말씀을 오해하여 죄업罪業을 경輕하게 알지 말지니라.

견성見性 : 본래 성품을 봄. 본래 자신이 부처임을 봄.
천만번뇌千萬煩惱 : 수없는 번뇌.
삼대력三大力 : 삼학수행을 아울러 닦아 얻은 힘. 수양력 · 연구력 · 취사력.
성불成佛 : 부처를 이룸.
정업定業 : 정해진 업. 과보를 반드시 불러오는 업.
사견邪見 : 올바르지 못한 견해.

부附 **참회게**懺悔偈

사참회事懺悔

아석소조제악업我昔所造諸惡業

개유무시탐진치皆由無始貪瞋痴

종신구의지소생從身口意之所生

일체아금개참회一切我今皆懺悔

이참회理懺悔

죄무자성종심기罪無自性從心起

심약멸시죄역망心若滅時罪亦亡

죄망심멸양구공罪亡心滅兩俱空

시즉명위진참회是卽名謂眞懺悔

참회게懺悔偈 : 『화엄경華嚴經』「보현행원품普賢行願品」의 내용으로 참회의 뜻을 요약한 게송.

아석소조제악업我昔所造諸惡業 : 내가 지난날 지어놓은 모든 악업.

개유무시탐진치皆由無始貪瞋痴 : 그 시작이 없는 탐진치가 들어서.

종신구의지소생從身口意之所生 : 몸과 입과 마음이 좇아서 만들어낸 것.

일체아금개참회一切我今皆懺悔 : 일체를 제가 지금 모두 참회함.

죄무자성종심기罪無自性從心起 : 자성에는 아무런 죄악이 없고 마음 따라 일어난 것.

심약멸시죄역망心若滅時罪亦亡 : 만약 마음이 사라지면 죄 역시 없어지는 것.

죄망심멸양구공罪亡心滅兩俱空 : 죄도 없어지고 마음도 소멸하여 함께 텅 비어버리면.

시즉명위진참회是卽名謂眞懺悔 : 이를 이름하여 진실한 참회라 하는 것.

제12장 고락苦樂에 대한 법문

1. 고락苦樂의 설명

대범大凡, 사람이 세상에 나면 좋아하는 것과 싫어하는 것 두 가지 종류가 있으니, 하나는 가로되 괴로운 고苦요 둘은 가로되 즐거운 낙樂이라, 고苦의 원인을 생각하여 보면 우연한 고苦도 있고 사람이 지어서 받는 고도 있고, 낙樂의 원인을 생각하여 보아도 우연히 받는 낙樂도 있고 사람이 지어서 받는 낙도 있으니, 괴로운 고로 말하면 사람사람이 다 싫어하고 즐거운 낙으로 말하면 사람사람이 다 좋아하되, 고락苦樂의 원인을 생각하여 보는 사람은 적은지라, 이 고가 영원한 고가 될는지 고가 변하여 낙이 될는지, 낙이라도 영원한 낙이 될는지 낙이 변하여 고가 될는지, 우리는 이 정당正當한 고락과 부정당不正當한 고락을 자상히 알아가지고 정당한 고락으로 무궁한 세월을 한결같이 지내며, 부정당한 고락은 영원히 오지 아니하도록 **행**行 · **주**住 · **좌**坐 · **와**臥 · **어**語 · **묵**默 · **동**動 · **정**靜 간에 응용應用하는 데 온전穩全한 생각으로 취사取捨하기를 주의할 것이니라.

고락苦樂 : 괴로움과 즐거움.

행주좌와어묵동정行住坐臥語默動靜 : 움직이고, 머물고, 앉고, 눕고, 말하고, 침묵하고, 일이 있고, 일이 없는 것. 일상생활.

2. 낙樂을 버리고 고苦로 들어가는 원인

1) 고락苦樂의 근원根源을 알지 못함이오.

2) 가령 안다 하여도 실행實行이 없는 연고이오.

3) 보는 대로 듣는 대로 생각나는 대로 자행자지自行自止로 육신肉身과 정신精神을 아무 **예산**豫算 **없이** 양성養成하여 **철석**鐵石**같이** 굳은 연고이오.

4) 육신과 정신을 법法으로 **질 박아서** 몹쓸 습관習慣을 제거하고 정당한 법으로 단련鍛鍊하여 **기질변화**氣質變化가 분명히 되기까지 공부를 완전히 아니한 연고이오.

5) 응용應用하는 가운데 수고 없이 속速히 하고자 함이니라.

예산豫算 **없이** : 계획성 없이.

철석鐵石**같이** : 쇠와 돌 같이.

질 박아서 : 체질화해서. 몸에 베이도록 단련하여.

기질변화氣質變化 : 성질과 습관의 변화.

제13장 병病든 가정家庭과 그 치료법

사람도 병病이 들어 낫지 못하면 불구자不具者가 되든지 혹은 폐인廢人이 되든지 혹은 죽기까지도 하는 것이며, 어떠한 기계라도 병이 나서 고치지 못하면 완전한 기계가 되지 못하는 것이며, 혹은 폐물廢物도 되는 것이며, 혹은 아주 없어지기까지 되는 것과 같이 한 가정도 병이 들었는데 그 호주戶主가 병든 줄을 알지 못한다든지 설사 안다 하여도 치료의 성의가 없다든지 하여 그 시일時日이 오래되고 보면 그 가정이 좋은 가정이 되지 못할 것이며, 혹은 부패腐敗한 가정이 될 수도 있을 것이며, 혹은 파멸破滅의 가정이 될 수도 있나니, 그 가정이 병 들어가는 증거를 대강 들어 말하자면 가권家眷이 서로 자기 잘못은 알지 못하고 다른 사람이 잘못하는 것만 많이 드러내는 것이며, 또는 부정당不正當한 **의뢰생활**依賴生活을 하려는 것이며, 또는 지도指導 받을 자리에서 정당한 지도를 잘 받지 아니한 것이며, 또는 지도할 자리에서 정당한 지도로써 교화敎化할 줄을 모르는 것이며, 또는 착한 사람은 찬성하고 악한 사람은 불쌍히 여기며, 이로운 것은

의뢰생활依賴生活 : 남에게 의지하는 생활. 자력이 없거나 생활 의지가 부족하여 부당하게 남에게 의지하여 살아가는 모습.

저 사람에게 주고 해로운 것은 내가 가지며, 편안한 것은 저 사람을 주고 괴로운 것은 내가 가지게 되는 공익심公益心이 없는 연고이니, 이 병을 치료하기로 하면 자기의 잘못을 항상 조사할 것이며, 부정당한 의뢰생활을 하지 말 것이며, 지도 받을 자리에서 그 정당한 지도를 잘 받을 것이며, 지도할 자리에서 정당한 지도로써 교화를 잘 할 것이며, **자리주의**自利主義를 놓아버리고 **이타주의**利他主義로 들어가면 그 치료가 잘될 것이며, 따라서 그 병이 완쾌되는 동시에 모범적 가정이 될 것이니라.

자리주의自利主義 : 자신의 이익만을 앞세우려는 주의.
이타주의利他主義 : 자기를 희생하여 남에게 공덕과 이익을 베푸는 주의.

제14장 **영육쌍전법**靈肉雙全法

재래在來에는 종교인宗教人으로서 **세욕**世慾이 있고 보면 수도인修道人이 아니라 하므로 종교가宗教家에서 직업 없이 놀고먹는 폐풍弊風이 **치성**熾盛하여 개인 · 가정 · 사회 · 국가에 대한 **해독**害毒이 많이 미쳐왔으나, 이제로부터는 묵은 세상을 새 세상으로 건설하게 되므로 새 세상 종교인으로서는 그 진리眞理와 수행修行으로써 의依 · 식食 · 주住를 구하고, 의 · 식 · 주와 수행으로써 그 진리를 얻게 되었나니, 우리는 제불조사諸佛祖師 **정전**正傳의 **심인**心印 즉 법신불法身佛 일원상一圓相의 진리와 계戒 · 정定 · 혜慧 삼학三學으로써 의 · 식 · 주를 구하고 의 · 식 · 주와 계 · 정 · 혜 삼학으로써 그 진리를 얻는 것이 영육쌍전靈肉雙全이 되는 동시에 따라서 개인 · 가정 · 사회 · 국가에 도움이 될 것이며, 수도修道와 생활生活이 둘이 아닌 산 종교가 될 것이니라.

영육쌍전법靈肉雙全法 : 정신의 삶과 육신의 삶을 함께 온전히 하는 공부법.
세욕世慾 : 세상에서 가지는 욕심.
치성熾盛 : 불길같이 성하게 일어남.
해독害毒 : 좋고 바른 것을 망치거나 언짢게 하여 손해를 끼치는 것.
정전正傳 : 바르게 전하고 이어받음.
심인心印 : 마음으로 전하는 깨달음의 경지.

제15장 **법위등급**法位等級과 그 해의解義

1. 보통급普通級

1) 유무식有無識 · 남녀노소男女老少 · 선악귀천善惡貴賤을 물론하고 처음으로 불문佛門에 **귀의**歸依하여 보통급 10계十戒를 수受한 자者.

2. 특신급特信級

1) 보통급 10계를 일일이 실행實行하고, 예비豫備 특신급特信級에 승급昇級하여 특신급 10계를 받아 지키는 자.
2) 본회本會의 교리敎理와 **규약**規約을 대강大綱 이해하는 자.
3) 모든 사업이나 생각이나 신앙信仰이나 정성精誠이 다른 세상에 흐르지 아니한 자.

3. 법마상전급法魔相戰級

1) 보통급 10계와 특신급 10계를 일일이 실행하고 예비 법마상전급에 승급하여 법마상전급 10계를 받아 지키는 자.

법위등급法位等級 : 원불교 수행인의 인격과 공부 계위階位를 여섯 등급으로 구분한 것.

귀의歸依 : 마음을 바쳐 의지함.

규약規約 : 조직체 안에서 서로 지키도록 협의하여 정하여 놓은 규칙.

2) 법法과 마魔를 일일이 분석分析하며 본회의 규약과 **교과서**教科書 해석解釋에 과過히 착오錯誤가 없는 자.

3) 천만경계千萬境界 중에서 모든 경계를 당하는 대로 사심邪心을 제거하는 데 재미를 붙이며, 또는 **무관사**無關事에 동動치 않는 자.

4) **법마상전**法魔相戰의 뜻을 알아 법마상전을 하되 인생人生의 요도要道와 공부工夫의 요도要道에 **대기사**大忌事는 아니하고, **세밀**細密한 일이라도 반수半數 이상 법法의 승勝을 얻은 자.

단, **노혼자**老昏者와 문자文字를 **해득**解得치 못한 자에 한限하여는 문자에 관한 시험試驗은 보지 아니함.

4. 법강항마위法强降魔位

1) 보통급 10계와 특신급 10계와 법마상전급 10계를 일일

교과서教科書 : 교리 · 제도 · 역사 등을 교도들에게 가르치기 위한 기본경전.
무관사無關事 : 관여하거나 간섭하지 않아야 할 일.
법마상전法魔相戰 : 법과 마가 서로 싸움. 정심正心과 사심邪心의 갈등.
대기사大忌事 : 크게 꺼리고 피해야 할 일.
세밀細密 : 자세하고 빈틈없이 꼼꼼함.
노혼자老昏者 : 늙어서 정신이 흐려진 사람.
해득解得 : 깨달아 아는 것.
법강항마위法强降魔位 : 원불교 법위 6등급에서 네 번째 등급. 초성위初聖位로 심계[心戒, 마음으로 정하여 지키는 계문]를 따로 두고 세밀하게 공부하는 위.

이 실행하고 예비 **법강항마**위에 승급한 자.

2) 육근六根을 응용應用하여 법마상전을 하되 법法이 **백전백승**百戰百勝하는 자.

3) 교과서의 뜻을 일일이 해석하고 대소유무大小有無의 이치理致에 걸림이 없는 자.

4) 생生 · 로老 · 병病 · 사死에 **해탈**解脫을 얻은 자.

5. **출가위**出家位

1) 법강항마위 승급 조항을 일일이 실행하고 예비 출가위에 승급한 자.

2) 대소유무의 이치를 따라 인간의 시비이해를 건설하는 자.

3) 현재 모든 종교의 교리敎理를 정통精通한 자.

4) **원**遠 · **근**近 · **친**親 · **소**疎와 자타自他의 **국한**局限을 벗어나서 일체생령一切生靈을 위하여 천신만고千辛萬苦와 **함지**

법강항마法强降魔 : 법이 강하여 마를 항복 받음. 정심이 사심을 제압함.

백전백승百戰百勝 : 싸울 때마다 다 이김.

해탈解脫 : 모든 속박에서 벗어난 자유로움.

출가위出家位 : 원불교 법위 6등급에서 다섯 번째 등급. 불퇴전[不退轉, 한번 도달한 수행의 경지에서 물러서지 아니함]의 위.

원근친소遠近親疎 : 멀고 가깝고 친하고 친하지 아니함.

국한局限 : 범위를 어느 한 부분에 한정함.

함지사지陷之死地 : 위험하고 죽을 고비. 아주 어렵고 위험한 상황.

사지陷之死地를 당하여도 **여한**餘恨이 없는 자.

6. **대각여래위**大覺如來位

1) 출가위 승급 조항을 일일이 실행하고 예비 대각여래위에 승급한 자.
2) **대자대비**大慈大悲로써 일체생령을 제도濟度하되 **만능**萬能이 겸비兼備한 자.
3) **천만방편**千萬方便으로 **수기응변**隨機應變하여 교화敎化하되 대의大義에 어긋남이 없고 교화 받는 자로서 그 방편을 알지 못하게 하는 자.
4) 동動하여도 분별分別에 착着이 없고 정靜하여도 분별이 **절도**節度에 맞은 자.

여한餘恨 : 남은 원한怨恨.
대각여래위大覺如來位 : 원불교 법위 6등급에서 여섯 번째 등급. 최상계위.
대자대비大慈大悲 : 한없이 크고 넓은 부처님의 자비.
만능萬能 : 모든 일을 다 할 수 있는 능력.
천만방편千萬方便 : 천만 가지의 한량없는 부처님의 자비방편. 방편은 부처님이 중생을 구제하기 위해 사용하는 다양한 방법.
수기응변隨機應變 : 상황이나 인연에 따라 원만하게 처리함.
절도節度 : 일이나 행동 따위를 정도에 알맞게 하는 규칙적인 한도.

법위등급도法位等級圖

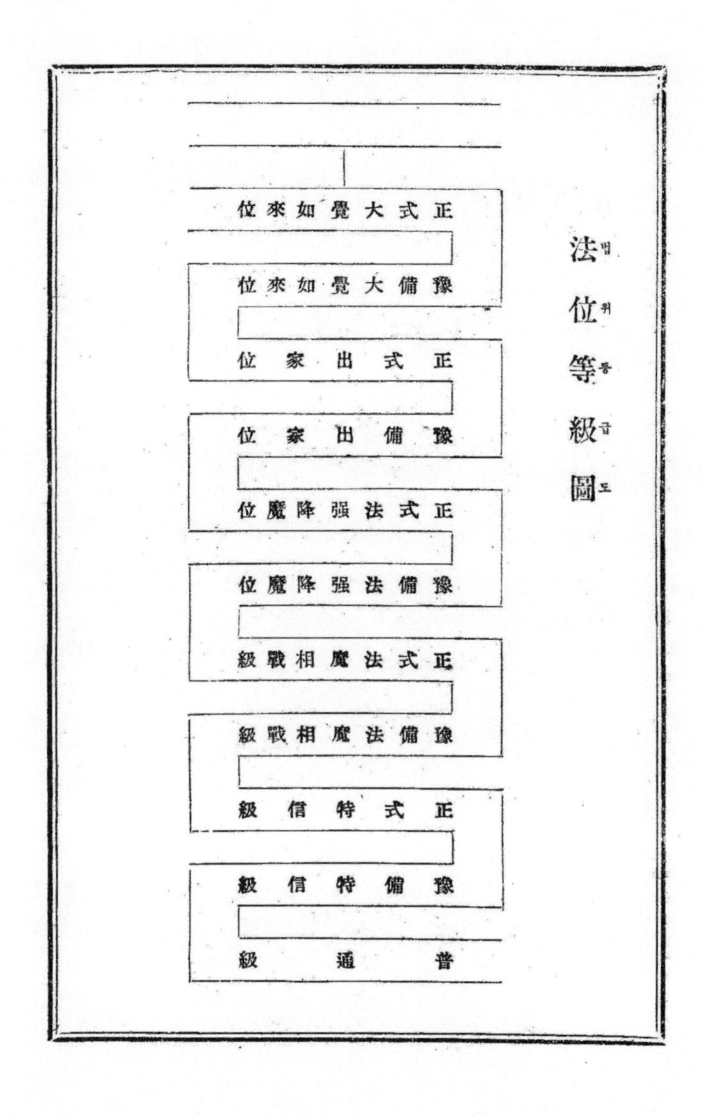

法位等級圖
법위등급도
正式大覺如來位
豫備大覺如來位
正式出家位
豫備出家位
正式法强降魔位
豫備法强降魔位
正式法魔相戰級
豫備法魔相戰級
正式特信級
豫備特信級
普通級

附錄

부록 1

『불교정전』 권3

제4편 의두요목疑頭要目

부록 1

불교정전 권3

제4편 의두요목疑頭要目

의두요목疑頭要目

1. 세존世尊이 도솔천兜率天을 떠나지 아니하시고 이미 왕궁가王宮家에 내리시며, 어머니 태중胎中에 나지 아니하시고 사람을 제도濟度하여 마치셨다.

2. 세존이 도道를 깨치시고 탄식하여 가라사대 "기이하다 일체중생一切衆生이 다 여래如來의 지혜덕상智慧德相이 있건만은 미迷하여 돌아오지 못하는 도다."

3. 세존이 어느 날에 문수보살文殊菩薩이 문門밖에서 있음을 보시고 이르시되 "문수야! 문수야! 어찌 문에 들어오지 아니하는고." 문수 가라사대 "세존이시여! 내가 한 법法도 문밖에 있음을 보지 못하였거늘 어찌 나에게 문안에 들어오라 하시나이까."

4. 세존께 흑씨범지黑氏梵志라는 신선神仙 사람이 좌우左右 손에 합환合歡 오동나무 꽃 두 주를 가지고 와서 공양供養하려 함으로 인하여 부처님 가라사대 "놓아버리라." 범지梵志가 드디어 외약편 손에 있는 꽃 한 주를 놓아버리거늘, 부처님이 또 가라사대 "놓아버리라." 범지가 드디어 바른편 손이 있는 꽃 한 주를 놓아버리거늘 부처님이 또 가라사대 "놓아버리라." 범지가 이르되 "세존이시여! 내가 지금 빈 몸으로 있거늘 다시 무엇을 놓아버리라 하시나이까." 부처님이 가라사대 "내가 너에게 그 꽃을 놓으라는 말이 아니니, 네가 만약 밖으로 육진六塵과 안으로 육근六根과 가운데 육식六識을 한때에 놓아버려서 가히 놓을 곳이 없는 지경에 이르면 이것이 곧 너의 생사生死를 면할 곳이니라." 하시니 언하言下에 대오大悟하다.

5. 세존이 외도外道의 "말[언言]있음을 묻지도 아니하고 말 없음을 묻지도 않는다."는 질문에 세존이 묵연양구默然良久하시니, 외도가 찬탄贊嘆하여 이르되 "세존이 대자대비大慈大悲로 나의 미迷한 구름을 열으시사 나로 하여금 도道에 들게 하여 주신다." 하고 예배禮拜를 올리고 가거늘, 아란阿難이 이윽고 부처님께 여쭈오대 "외도가 무엇을 증득證得한 바가 있어서 찬탄讚歎하고 가나이까." 세존이 가라사대 "비유컨대 세

상에 좋은 말[마馬]은 채찍 그림자만 보아도 가나니라."

6. 일곱 현녀賢女가 시다림屍多林에 놀 새 제석帝釋이 그 도행道行에 감동하여 꽃을 헐어 공양供養하고 이르되 "오직 원컨대 성자聖姊여 수용할 바가 있나이까. 내가 마땅히 평생의 보물을 공급하겠노라." 현녀가 이르되 "내가 달리 요구할 것은 없고 오직 세 가지 물건을 요구하노니 하나는 뿌리 없는 나무 한 주요, 하나는 음양陰陽 없는 땅 한 조각이요, 하나는 소리하여도 울리지 아니한 산골짝 한 곳이로다." 제석이 이르되 "일체 수용품이 나에게 다 갖추어 있으되 오직 이 세 가지 물건은 내가 실로 얻지 못하겠도다." 현녀가 이르되 "그대에게 만약 이것이 없다면 어떻게 사람을 제도하려 하는고." 제석이 드디어 함께 부처님 처소에 가서 말씀을 살운대 부처님께서 가라사대 "나의 제자 중에 대아라한大阿羅漢도 이 뜻을 알지 못할 것이요, 오직 대보살大菩薩이라야 이에 이 뜻을 알리라." 하시니라.

7. 세존이 열반涅槃에 드실 때가 다다르사 대중에 고告하여 이르시되 "내가 처음 녹야원鹿野苑으로부터 지금 발제하跋提河에 이르기까지 이 중간에 일찍이 한 글자도 설說한 바가 없노라."

8. 세존이 영산회상靈山會上에 계시더니, 하루는 법좌法座에 오르시어 꽃을 들어서 대중에게 보이시니, 대중이 다 묵연默然하되 오직 가섭존자迦葉尊者가 낯[안顔]에 미소를 띠우거늘, 세존이 이르시되 "내게 있는 정법안장正法眼藏을 마하가섭에게 부치노라."

9. 사리불존자舍利弗尊者가 나무아래에서 바야흐로[이제 막] 선정禪定에 들려 하시니 유마거사維摩居士가 지나가다가 물어 가라사대 "지금 무엇을 하는고." 가로되 "바야흐로 선정에 들려 하노라." 거사 가라사대 "선정에 들 때에는 유심有心으로써 드느냐, 무심無心으로써 드느냐. 만약 유심으로 든다 할진대 일체 유정有情이 다 입선入禪을 함이요, 만약 무심으로 든다 할진대 일체 무정無情이 다 입선을 하리니 또 일으라 어떻게 입선을 하는고." 사리불이 능히 대답지 못하더라.

10. 아란존자阿難尊者가 가섭존자에게 묻되 "세존이 금란가사金襴袈裟를 전하신 외에 별로 무슨 법法을 전하셨나이까." 가섭이 아란을 부르시니 아란이 응낙하거늘 가섭이 이르시되 "문 앞에 있는 찰간착刹竿着을 꺾어서 없앨지니라[찰간착은 도인이 출생하면 그를 기념하여 세운 표지인 것]."

11. 양무제梁武帝가 달마존자達摩尊者에게 묻되 "짐朕이 즉위卽位한 이후로 부처를 조성하고 탑을 조성하며 수도하는 승려를 공양하여 널리 부처님 사업을 이루어 냄이 심히 많으니 그 공덕功德이 어떠하나이까." 달마 이르시되 "공덕이 없나이다."

12. 양무제 달마존자에게 묻되 "무엇을 성체聖諦의 제일 뜻이라 하나이까." 달마 이르시되 "법의 본래는 확연廓然하여 성聖이 없나이다." 제帝 이르시되 "짐을 대하는 자는 누구인고." 달마 이르시되 "알지 못하나이다." 제帝, 그 뜻을 알지 못하더라.

13. 달마존자께서 면벽面壁하고 계심에 이조二祖가 눈[설雪]에 서서 팔을 끊어 그 신信을 바치고 이르시되 "모든 부처님의 법인法印을 가히 얻어 듣겠습니까." 달마 가라사대 "모든 부처님의 법인은 스스로 깨침에 있고 사람으로 좇아 얻음이 아니니라." 가로되 "내 마음이 편하지 못하오니 청컨대 스님께서 안심安心을 시켜주시옵소서." 달마 가라사대 "마음을 가져오너라. 너에게 안심을 시켜 주리라." 가로되 "마음을 찾아도 가히 얻지 못하겠나이다." 달마 가라사대 "너에게 이미 안심을 시켜 마쳤노라."

14. 사조四祖, 소년 때에 삼조三祖에게 가서 예배하고 물어 가라사대 "원컨대 화상和尙은 큰 자비를 베푸사 저에게 해탈 법문解脫法門을 일러주소서." 삼조 가라사대 "누가 너를 얽겠 느냐[묶었느냐]." 가로되 "얽은 사람이 없습니다." 삼조 가라사 대 "이미 얽은 사람이 없을 진대 어찌하여 다시 해탈을 구하 느뇨." 사조가 그 언하言下에 크게 깨다.

15. 육조六祖, 행자[行者, 행자는 아직 승려가 되기 전 수도인을 이름] 로써 오조회상五祖會上에 참예하신대 오조 물어 가라사대 "네가 어느 곳에서 쫓아왔는고." 가로되 "영남嶺南으로부터 왔습니다." 오조 가라사대 "무엇을 구하고저 왔는고." 가로 되 "오직 성불成佛하기를 구하나이다." 오조 가라사대 "영남 사람이 어찌 부처를 이루리오." 가로되 "사람은 남북南北이 있을지언정 부처 성품性品이야 어찌 남북이 있으리까." 오조 마음에 다르게 아르시다.

16. 오조五祖 하루 날, 대중에게 명하사 "각자 증득證得한 바에 의지依支하여 한 게송偈頌을 지어오라." 하시니, 때에 신수상좌神秀上座가 한 게송을 올리니 가로되 '몸은 이 보리 수나무와 같고[신시보리수身是菩提樹] 마음은 이 명경대와 같도다 [심여명경대心如明鏡臺]. 부지런히 닦고 닦아서[시시근불식時時勤拂拭]

하여금 진애가 끼지 않게 하라[물사야진애勿使惹塵埃].' 오조 보시고 가라사대 "아직 문에 들지 못하였다." 하시다. 혜능[慧能, 혜능은 육조의 법명]이 그 게송을 들으시고 또 한 게송을 올리니 가로되 '보리도 근본 나무가 없고[보리본무수菩提本無樹] 명경도 또한 대가 아니로다[명경역비대明鏡亦非臺]. 본래에 한 물건도 없거니[본래무일물本來無一物] 어느 곳에 진애가 있으랴[하처야진애何處惹塵埃].' 오조 보시고 내심內心에 묵연默然이 인가認可하사 그 후 밤에 드디어 육조위六祖位를 전하시다.

17. 도명道明이 육조六祖를 좇아오다가 의발衣鉢이 움직이지 아니함을 보고[도명이 따르는 것과 의발이 움직이지 않는다는 말씀은 육조단경六祖壇經을 참고할 사] 가로되 "내가 법을 구하러 온 것이요, 의발을 위함이 아닙니다." 육조 가라사대 "선善도 생각지 말고 악惡도 생각지 말라. 이때를 당하여 무엇이 명상좌明上座의 본래면목本來面目인고." 명明이 언하에 크게 깨다.

18. 육조六祖, 인종법사印宗法師 회하會下에 계시더니 마침 바람이 깃발을 움직이는 지라 두 중이 서로 의론議論을 다투되 한 중은 '바람이 동動한다.' 하고 한 중은 '깃발이 동한다.' 하거늘, 육조 들으시고 가라사대 "이것이 바람이 동한 것도 아니요, 깃발이 동한 것도 아니요, 오직 그대의 마음이 동한

것이라." 하시니 두 중이 송연悚然이 놀라더라.

19. 육조六祖 하루 날에 대중에게 물어 가라사대 "한 물건이 여기 있으되 위로는 하늘을 기둥하고 아래로는 땅에 대이며 밝기로 말하면 일월日月과 같고 검기로 말하면 칠통漆桶과 같아서 항상 우리의 작용作用 중에 있나니 이것이 무슨 물건인고." 때에 사미[沙彌, 사미는 소년 승려를 이름] 신회神會가 곧 대답하여 이르되 "이는 모든 부처님과 모든 조사祖師의 근본이시요, 신회의 불성佛性입니다." 육조 가라사대 "아직 좀 미숙未熟하다." 하시다. 회양선사懷讓禪師가 팔년八年을 생각한 후에 이르시되 "설사 한 물건이라 하여도 이치에 맞지 아니하나이다." 한대 육조 드디어 인가認可하시다.

20. 방거사龐居士가 영조靈照에게 이르시되 "고인古人의 말씀에 밝고 밝은 일백 풀머리에 밝고 밝은 조사의 뜻이라 하니 너는 어떻게 아는고." 영조 이르되 "저 늙은이가 머리가 희고 이가 누르기까지 그러한 견해見解를 가지고 있도다." 거사 이르시되 "너는 어떠한 견해를 가지는고." 영조 이르되 "밝고 밝은 일백 풀머리에 밝고 밝은 조사의 뜻이로다."

21. 대매선사大梅禪師가 마조馬祖에게 묻되 "무엇이 이 부

처입니까." 마조 이르시되 "곧 마음이 이 부처니라."

22. 후에 또 중이 마조에게 묻되 "무엇이 이 부처입니까." 마조 이르시되 "마음도 아니요 부처도 아니니라."

23. 백장선사百丈禪師가 매양 법좌法座에 오름에 한 노인이 있어 대중을 따라 법을 듣거늘 하루 날에 백장이 물어 가로되 "네가 어떠한 사람인고." 노인이 이르되 "제가 사람이 아니라 과거 가섭불迦葉佛 세상에 일찍 이 산에 주住하였더니 학인學人이 저에게 묻기를 '크게 수행하는 사람도 또한 인과因果에 떨어지나이까? 아니니까.' 하는데 대하여 제가 대답하기를 '인과에 떨어지지 아니 하나니라.' 하여 그 업으로 오백생 여우의 몸을 받았사오니 청컨대 화상和尙은 한 말씀을 이르사 나로 하여금 개오開悟케 하여 주소서." 백장이 가라사대 "네가 이제 그 학인과 같이 나에게 물으라." 노인이 그와 같이 묻거늘 백장이 가라사대 "인과에 어둡지 아니 하나니라." 노인이 언하言下에 크게 깨쳐서 드디어 여우의 몸을 벗었나니라.

24. 임제선사臨濟禪師가 황벽선사黃檗禪師에게 묻되 "무엇이 불법佛法의 적실的實하고 적실的實한 큰 뜻이니까." 황벽

이 대답지 아니하시고 문득 방망이로써 때려서 이와 같이 세 번 물음에 세 번 다 때린지라, 임제가 이에 황벽을 하직하고 대우선사大愚禪師를 찾아가서 본대 대우 묻되 "어느 곳으로 좇아오는고." 임제 이르되 "황벽회상으로 좇아오나이다." 대우 묻되 "황벽스님께서 어떠한 법문을 하시던고." 임제 이르되 "제가 불법佛法의 적적대의的的大義를 묻다가 세 번이나 방망치를 맞았는데 그것이 무슨 허물인가 알지 못하겠나이다." 대우 가라사대 "황벽이 너에 대하여 어머니 같은 자비慈悲를 썼거늘 네가 이제 허물 유무有無를 묻느냐." 임제 그 언하에 크게 깨다.

25. 위산선사潙山禪師가 대중에 이르되 "내가 죽은 후에 소가 되어서 그 뿔에 위산 아무라고 쓰여 있으리니, 그때 너희들은 위산이라 하여야 옳을까 소라 하여야 옳을까."

26. 조주선사趙州禪師가 남천선사南泉禪師에게 묻되 "무엇이 도道입니까." 남천이 이르되 "평상심平常心이 도니라." 조주 묻되 "평상심을 아는 것이 도입니까." 남천이 이르되 "도는 알고 알지 못하는 데에 속하지 아니하여서 저 허공과 같이 확연통활廓然洞豁하나니라." 조주 언하에 크게 깨다.

27. 한 중이 조주선사에게 묻되 "개자식도 또한 불성佛性이 있나이까." 조주 이르되 "없나니라[부처님 말씀에 일체중생이 다 불성이 있다 하셨거늘 조주는 무엇을 인하여 없다고 하였는고]."

28. 한 중이 조주선사에게 묻되 "무엇이 조사[祖師, 달마조사를 이른 말씀]가 서西에서 동토東土로 오신 뜻이니까." 조주 이르되 "뜰 앞에 잣나무니라."

29. 석상선사石霜禪師 이르되 "백척간두百尺竿頭에 어떻게 나수어 걸음 할꼬." 옛 도인이 이르시되 "백척간두에 앉은 사람도 비록 도에 들기는 하였으나 아직 참이 아니라 하니 백척간두에 한 걸음을 더 나아가야 시방세계十方世界에 전신全身이 나타 나나니라."

30. 일만 법法이 하나에 돌아갔으니, 하나 그것은 어디로 돌아갈고.

31. 일만 법으로 더불어 짝하지 않은 것이 그 무엇인고.

32. 옛 부처님이 나시기 전에는 무엇이 부처이신고.

33. 부모에게 몸을 받기 전 몸은 그 어떠한 몸인고.

34. 만약 사람이 잠이 깊이 들었으되 꿈도 없는 때에는 그 아는 영혼靈魂이 어느 곳에 있는고.

35. 경經에 이르시되 '일체一切가 다 마음의 짓는 바라.' 하니, 그것이 어떠한 의지義旨인고.

36. 부처님에게 삼신三身이 있으니 가로되 '청정법신淸淨法身이시오.' 가로되 '원만보신圓滿報身이시오.' 가로되 '백억화신百億化身이시라.' 하니 그것이 어떠한 의지인고.

37. 중생衆生의 윤회輪廻되는 것과 모든 부처님의 해탈解脫하는 것이 그 원인이 어느 곳에 있는고.

38. 수행修行하는 사람은 마땅히 자성自性을 떠나지 아니한다 하니, 어떠한 것이 자성을 떠나지 아니하는 공부인고.

39. 마음과 성품性品과 이치理致와 기운氣運의 동일同一한 것은 어떠한 것이며 구분區分된 내역은 또한 어떠한 것인고.

40. 우주만물宇宙萬物이 비롯[시始]이 있고 종終이 있는 것인가, 비롯이 없고 종이 없는 것인가.

41. 우주만물의 근본이 마음인가 물건인가, 마음과 물건이 같이 된 것인가.

42. 불설佛說에 성품性品의 생멸生滅 없다는 곳이 원적圓寂의 체體를 일음인가. 영지靈知의 용用을 일음인가. 허공의 원소元素를 일음인가. 우주의 실물實物을 일음인가. 만상萬象의 분체分體를 일음인가. 일원一元의 합체合體를 일음인가. 이 무엇이 생멸 없는 곳인고.

43. 만물萬物의 인과因果가 보복報復되는 것이 현생現生 일은 서로 알고 실행되려니와 후생後生 일은 숙명宿命이 이미 매昧하여서 피차彼此가 서로 알지 못하나니, 이미 알지 못할진대 어떻게 그 보복이 되는고.

44. 고인古人이 이르되 '천지天地는 앎이 없으되 안다.' 하니 그것이 어떠한 의지義旨인고.

45. 사람이 명命을 마칠 때에 마음을 잘 닦은 사람은 그 영

지靈知가 평소와 같이 모든 것이 바로 보여서 자기 마음대로 수생受生을 하지만은 잘 닦지 못한 사람은 그 영지가 바로 보이지 못하여서 부지중不知中 악도惡道에 떨어지기가 쉽다 하니 그 바로 보이고 보이지 않는 것이 어떠한 이유인고.

46. 만약 견성見性한 사람으로서 명命을 마칠 때에 열반涅槃을 얻었다면 이미 법신法身에 합하였으나 어찌하여 다시 개령個靈으로 나누어지며, 또는 전신前身 후신後身의 표준을 알게 되는 것인고.

47. 부처님의 말씀하신 지옥地獄이라 하는 것은 과연 어느 곳을 가르치심이며 부처님의 말씀하신 극락極樂이라 하는 것은 과연 어느 곳을 가르치심인고.

참고문헌

◇ 원불교정화사 『원불교전서』 원불교출판사, 1977

◇ 원불교100년기념성업회 『주석 원불교 정전 』 원불교출판사, 2018

◇ 원불교100년기념성업회 『주석 원불교 대종경』 원불교출판사, 2018

◇ 원불교100년기념성업회 『주석 정산종사법어』 원불교출판사, 2018

◇ 원광대학교 원불교사상연구원편, 『원불교대사전』 원불교출판사, 2013

◇ 손정윤 편저 『원불교 용어사전』 원불교출판사, 1993

◇ 이공전 편저, 서문 성 주석 『주석 대종경선외록』 원불교출판사, 2017

◇ 한국불교대사전편찬위원회 『한국불교대사전』 보연각, 1982

◇ 곽철환 편저 『시공 불교사전』 시공사, 2003

◇ 한정희 『불교 용어사전』 경인문화사, 1998

◇ 국립국어원 홈페이지 웹 서비스 『국립국어원 표준국어대사전』

◇ 다국어 인터넷 백과사전 『위키백과』

◇ 다음 어학사전

◇ 네이버 한자사전 등

附錄
부록 2

영인본 『불교정전』 권1

佛敎正典
全

佛教正典

佛日增輝
法輪常轉

法身佛

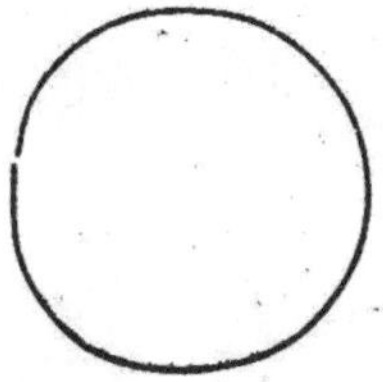

古佛未生前
凝然一相圓

本會四大綱領

正覺正行

知恩報恩

佛教普及

無我奉公

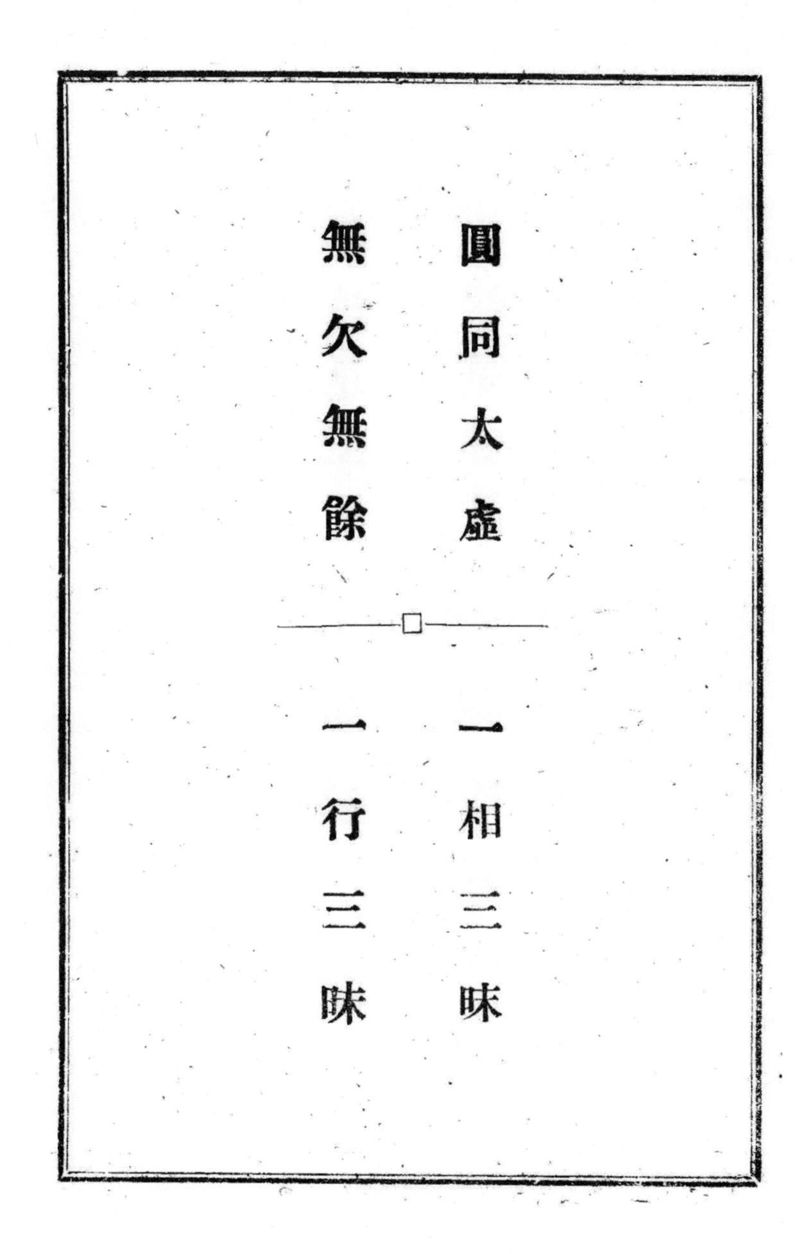

圓同太虛
無欠無餘

一相三昧
一行三昧

佛法是生活
生活是佛法

動靜一如
靈肉雙全

無時禪

無處禪

事事佛供

處處佛像

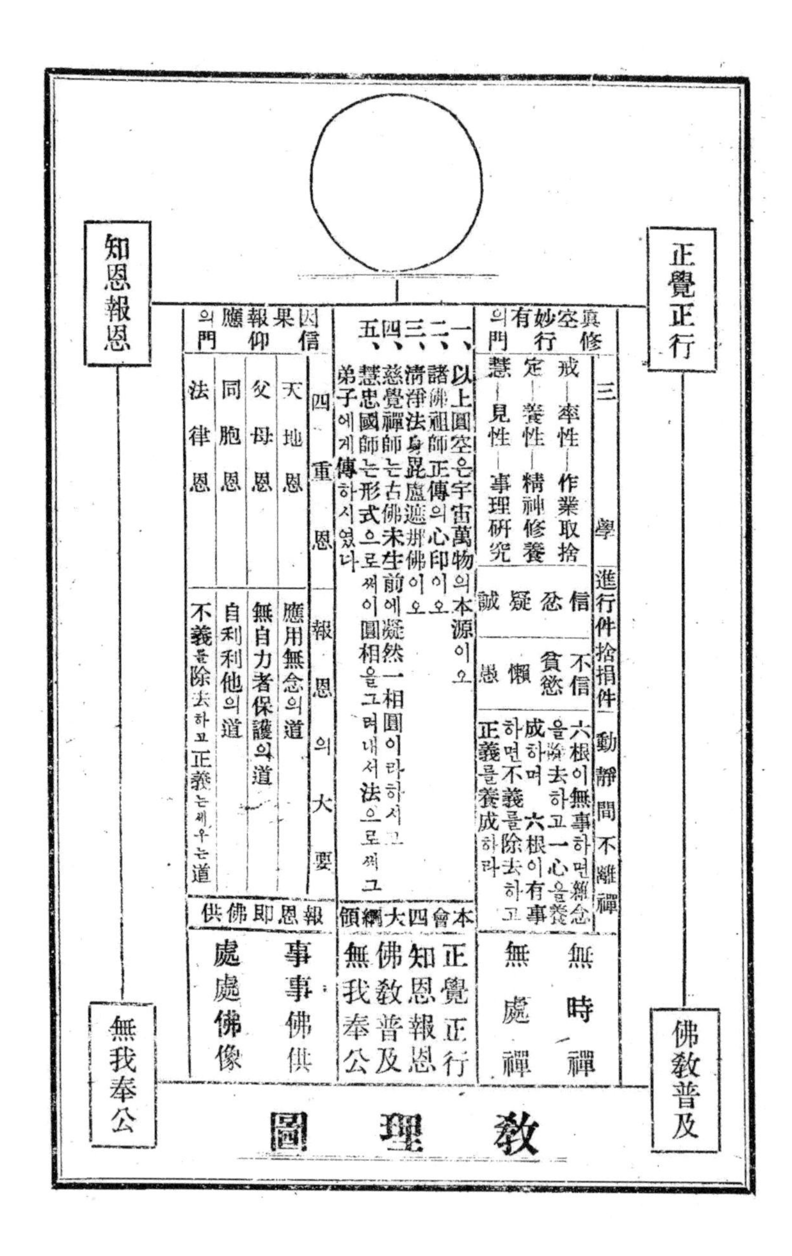

正覺正行
知恩報恩
佛教普及
無我奉公
眞空妙有의修行門
三學
戒—率性—作業取捨
定—養性—精神修養
慧—見性—事理研究
進行件捨捐件
動靜間不離禪
信 忿 疑 誠
不信 貪慾 懶 愚
六根이無事하면雜念을除去하고一心을養成하며六根이有事하면不義를除去하고正義를養成하라
無時禪 無處禪
一、以上圓空은宇宙萬物의本源이오
二、諸佛祖師正傳의心印이오
三、淸淨法身毘盧遮那佛이오
四、慈覺禪師는古佛未生前에凝然一相圓이라하시고
五、慧忠國師는形式으로써이圓相을그려내서法으로써그弟子에게傳하시였다
本會四大綱領
正覺正行 知恩報恩 佛教普及 無我奉公
因果報應의信仰門
四重恩 報恩의大要
天地恩 應用無念의道
父母恩 無自力者保護의道
同胞恩 自利利他의道
法律恩 不義를除去하고正義는세우는道
報恩即佛供
事事佛供 處處佛像
教理圖

佛法研究會의設立動機

現下 科學의文明을 따라 物質을使用하는 사람의精神은 漸々衰弱하고 사람이 使用하는 物質의勢力은 날로 隆盛하여 衰弱한사람의精神을 降服받어 物質의奴隸生活을 하게하므로 모든사람의 生活해가는것이 無知한奴僕에게 治産의權利를 喪失한 主人같이되였으니 어찌 그生活해가는데에 波瀾苦海가없으리오 이波瀾苦海를 벗어나서 廣大無量한 樂園의生活을 建設하기로하면 眞理的宗敎의信仰과 事實的道德의訓練으로써 物質을使用하는 精神의勢力을 擴昌하여 날로隆盛하는 物質의勢力을 降服받어 波瀾苦海에 奴隸生活하는 一切生靈을 廣大無量한樂園으로 引導하려함이 그動機이다

序

佛敎의眞理와 方便이 浩大한지라 모든善知識이 此를 많이利用하여 各種各派로 分立하고 布敎門을열어 만은사람을 가르쳐왔으나 各宗各派의 分立한時日이 오래되고 또는 各宗의主張과 方便이 다르만큼 信者도 또한 是非가紛々하여 布敎를 서로障害하며 畢竟에는 서로敵對視까지하여 他宗敎及外人社會의 批評嘲笑를 免치못하게된일도 間或있었나니 이는다 各宗各派의 所從來를 아지못하는데서 生함이라 或各宗의主張과 時代變遷을따라 서로 다른點은 있을지언정 부처님이傳해주신 그眞理와、制度의 大義는 다르지아니한 同根佛弟子로서 不睦을 生함이 어찌 釋尊의本意시리오 또는 朝鮮의 在來佛敎는 모든制度가 山中生活하는 僧侶를 本位하여 組織이되었는지라 世間生活하는 俗人에 있어서는 모든것이 서로 맞지아니하고 反對같이 되었으므로 누구를勿論하고 佛敎의 참다운信者가 되기로하면 世間生活에對한 모든 義務와責任이며 職業까지라도 不顧하게되엿나니 이와같이 되고보면 아무리 佛法(불법)이 좋다할지라도 넓은世上(세상)이 다 佛恩(불은)을 잊기어려울지라 이어찌 圓滿(원만)한大道(대도)라하리요 그럼으로 우리는 佛祖正傳(불조정전)의 心印(심인)이오 宇宙萬有(우주만유)의根本(근본)이되는 法身不一圓相(법신불일원상)을 修行(수행)의標本(표본)과 信仰(신앙)의對像(대상)으로 뫼시고 그 心印(심인)의悟得(오득)과 修行(수행)을 하기爲(위)하여 戒定慧三學(계정혜삼학)으로써 工夫(공부)의要道(요도)를 定(정)하엿으며 또는 各宗(각종)의 모든教旨(교지)도 우리 修行(수행)의 參考(참고)로하자는것이며 또는 在來(재래)와같이 佛教(불교)의信者(신자)가 되므로써 世上(세상)일을 못할것이아니라 佛教(불교)의信者(신자)가 되므로써 世上(세상)일을 잘하자는뜻으로써 本書(본서)를 編成(편성)하는바이다

佛敎正典合卷 目次

卷一

卷二

卷一細次

第一編 改善論

第二編 敎義

一

第一編 改善論

第一章 過去朝鮮社會의佛法에對한見解

佛敎는 朝鮮에 因緣이 깊은 敎로써 歡迎도 많이 받었으며 排斥도 많이 받어왔으나 歡迎은 여러百年前에 받었고 排斥받은지는 오래지 아니하여 政治의 變動이며 儒敎의 勢力에 밀려서 世上을등지고 山中에 드러가 有耶無耶中에 超人間的生活을하고 있었으므로 朝鮮社會에서는 그法을 아는사람이 적은지라 이에따라 或안다는사람은 말하되 山水와 景致가 좋은곳에는 寺院이있다고하며 그寺院에는 僧侶와 佛像이 있다고하며 僧侶와 佛像이 있는데따라 世上에 사는사람은 福을 빌고 罪를赦하기爲하여 佛供을다닌다하며 그僧侶는 佛像의弟子가 되여가지고 妻子없이 獨身生活을 한다하며 削髮을하고 머리에는 굴갓을쓰고 몸에는 검박한옷을입고 목에는 念珠를걸고 손에는 短珠를들고 입으로는 念佛이나 誦經을

하며 등에다는 바랑을지고 밥을빌며 動鈴을하며 或世俗사람을 對하면 아무리
賤한사람일지라도 問安을 올린다하며 魚肉酒草를 먹지아니한다하며 모든生命
을죽이지아니한다하나 우리世上사람은 양반이라든지 富貴를한다든지 八字가좋
은사람이라면 僧侶가 아니되는것이오 或父母없는 불상한아해나 四柱를 보아
서 短命하다는아해나 罪를짓고 亡命하는사람이나 或八字가 낮인사람이나 衣
食이없이 乞食하는사람이나 이러한類가 다 僧侶가 되는것이라하며 僧侶中에도
공부를잘하여 道僧이되고보면 사람사는집터나 白骨을 장사하는墓地나 呼風喚
雨나 移山渡水하는것을 마음대로 한다고도하지마는 그런사람은 千에一人이오
萬에一人이 되는것이니 佛法이라하는것은 虛無한道요 世上사람은 못하는것이
라하며 우리는 돈이있다면 酒肉과 音樂器具를 準備하여가지고 景致찾어서 한
번式 놀다오는것은 좋다고하며 누가 절에를다닌다든지 僧侶가된다든지하면 그
집은亡할것이라하며 屍體를 火葬하니 子孫이 도음을 얻지못할것이라하며 佛法
을믿는 僧侶라면 사람은 사람이라도 別다른사람과같이 아는것이 朝鮮社會의習

慣(관)이되였나니 이와같은朝鮮(조선)에 어떠한能力(능력)으로써 佛敎(불교)를 發展(발전)시키며 佛法(불법)에對(대)한 好感(호감)을 갖게하였으리오

第二章(제이장) 朝鮮僧侶(조선승려)의實生活(실생활)

이말을 하고저하는 이사람도 過去朝鮮社會(과거조선사회)의 한사람으로 佛敎(불교)에 對(대)한常識(상식)이 없다가 어떠한생각 어떠한因緣(인연)으로 佛敎(불교)를 信仰(신앙)하는同時(동시)에 佛敎(불교)에對(대)한 若干(약간)의 常識(상식)이 있게되므로써 朝鮮僧侶(조선승려)의實生活(실생활)을 말하게되였다 그生活(생활)을 들어말하자면 風塵世上(풍진세상)을 벗어나서 山水(산수)좋고 景致(경치)좋은곳에 淨潔(정결)한寺院(사원)을 建築(건축)하고 尊嚴(존엄)하신佛像(불상)을 뫼시고 四方(사방)에 因緣(인연)없는 單純(단순)한몸으로 몇사람의同志(동지)와 松風蘿月(송풍라월)에 마음을依之(의지)하여 새소리 물소리 自然(자연)의風樂(풍악)을 四面(사면)으로 둘러놓고 世俗(세속)사람이 가저다주는 衣食(의식)으로 근심걱정 하나도없이 등다숩게옷입고 배부르게밥먹고 몸에는 수수한修道服(수도복) 黑衣長衫(흑의장삼)을입고 어깨에는 비단紅袈裟(홍가사)에 日月光(일월광)을 놓아 둘너메고 한손에는 芭蕉扇(파초선) 또한손에는 短珠(단주) 이와같은威儀(위의)로 木鐸(목탁)을 울리는가운

대 念佛이나 或은 誦經이나 或은 坐禪이나 하다가 樹木사이로 있는 華麗하고 雄莊한大建物中에서 몸을내어놓고 散步하는것을보면 朝鮮사람의生活로서는 그우에 더좋은生活은 없을것이다 그러면 僧侶가되여서는 다 이와같이 生活을하였는가 朝鮮一般僧侶가 다 그러한것은 아니나 一般的으로 본다하드래도 半數以上은 이와같은 生活을하여온줄로안다 또는 內面에드러가서 精神的生活하는것은 잘 알수없지마는 佛教의教理와 制度된것이 世間生活을 本位로한것이아니라 出世間生活을 本位로하였나니 出世間生活이라하는것은 大概는 世間生活과같이 번거한것이 없는것이므로 精神的生活도 또한 世俗사람과는 差異가 있을줄로안다 世俗風塵中에서는 或 萬石을받는사람이나 或 宰相이나 이러한富貴를하는사람이라도 그와같이 한가한生活 淨潔한生活 趣味있는生活은 하지못할것이오 아무리 못난僧侶 貧賤한사람이라도 俗家에 一二百石받는 사람보다는 趣味있는生活 한가한生活을 하였다할것이다 더구나 一般窮民들의 生活에比하면 山中僧侶 修道生活은 天上仙官의生活이라 아니할수없다 世俗사람으로 이만한

生活을 알고보면 그어찌 僧侶되기를 願치아니하리오

第三章 釋尊의智慧와能力

우리는 모든衆生이 生死있는줄만 알고 多生이없는줄로 아는대 부처님께서는 우리 生死없는理致와 多生劫來에 限없는生이 있는줄을 더 알으섰으며 우리는 우리 一身의本來理致도 몰으는대 부처님께서는 宇宙萬有의本來理致까지 더 알으섰으며 우리는 善道가 무엇인지 惡道가 무엇인지 區別이 分明치못하여 우리가 우리一身을 惡道에 떠러지게하는대 부처님께서는 自身을 濟度하신後에 十方世界一切衆生을 惡道에서 善道로 濟度하는 能力이게시며 우리는우리가지어서 받는苦樂도 모르는대 부처님께서는 衆生이지어서 받는苦樂과 偶然히 받는苦樂까지알으섰으며 우리는 福樂을 受用하다가도 못하게되면 할수없는대 부처님께서는못하게되는境遇에는 福樂을 또 오게하는 能力이게시며 우리는 智慧가 여두었든지 밝었든지 되는대로 사는대 부처님께서는 智慧가 어두어지면 밝게하는

能力이계시고 밝으시면 繼續하여 어두어지지않게하는 能力이계시며 우리는 貪心이나 嗔心이나 痴心에끌려서 잘못하는일이 많이있는대 부처님께서는 貪心 嗔心 痴心에 끌리는바가 없으시며 우리는 宇宙萬有있는데에 끌려서 宇宙萬有 없는데를 몰으는대 부처님께서는 있는데를 當할때에 없는데까지 알으시고 없는데를 當할때에 있는데까지 알으시며 우리는 天道 人道 修羅 畜生 餓鬼 地獄 이六道와 胎 卵 濕 化 四生을 알지도못하는대 부처님께서는 이 六道四生의 變化하는理致까지 알으시며 우리는 다른물건을 害하여다가 우리를 좋게하려고하는대 부처님께서는 事物을 當할때에 自利々他로 하시다가 못하시게되면 利害와生死를 不顧하시고 他物을 利롭게하는것으로써 當身의福樂을 삼으시며 우리는 몇萬石을 받는다하드래도 四方周圍 몇百里안이 自己의所有가 될것이오 집으로 말하드래도 몇百間 몇千間밖에 自己의所有가 아닐것이며 眷屬으로만 말하드래도 몇十名 몇百名 밖에는 自己의眷屬이 아닐것인대 부처님께서는 十方世界가 다 부처님의所有요 十方世界의 모든建物이 다 부처님의 建物이오 十方世界의 一切衆生이 다 부처님의 眷屬이라 하였으니 이런 말을보고 들을때에는 理解없는사람은 浮荒한말이라 할것이나 아는사람에 있어서는 字々句々가 다 金言玉說로 알것이다 이 부처님의 智慧와 能力을 어리석은 衆生의입으로나 붓으로 어찌다 成言하며 記錄하리오마는 大略을드러 衆生濟度하는 그教理를 말하자면 높기로는 須彌山같고 깊기로는 恒河水같고 教理數爻로는 恒河沙모래수와같고 넓고 크기로말하면 宇宙萬有를다包含하였나니 우리 佛法信者는 이와같은 부처님의智慧와 能力을 얻어가지고 濟度衆生하는데에 努力하자는바이다

第四章 外邦의佛教를우리의佛教로

印度의佛教가 支那를 經由하여 朝鮮에왔는지라 朝鮮사람으로서는 그經典을 볼때에 사람이름이나 땅이름이나 物件이름이나 일에對한 말이나 理致에對한 말이나 印度熟語와 名詞가많으며 或은 支那熟語와 名詞도있으며 또는 朝鮮사

람이 一般的으로 배우가도 어렵고 알기도어려운 漢文으로써 經典이 大概되여 있으므로 그經典을 風土와人心이다른 이地方에 내어놓고 有無識男女老少를 網羅하여 가르처주기가 어려울것이니 우리는 印度佛教에도 끌리지말고 支那佛教에도 끌리지말고 朝鮮在來佛教에도 끌리지말고 오직 教科書로使用하는 經論을 國語나 朝鮮通俗語에 或漢文을 加하여 大衆的이되게만들고 其他모든古經은 參考的으로 가르치자는것이다

第五章　小數人의佛教를大衆의佛教로

在來朝鮮佛教는 出世間生活을 本位로하여 教理와 制度가 組織이되였으므로 世間生活하는 俗人에 있어서는 모든것이 서로맞지아니하고 反對같이 되였으며 또는 世間生活하는 俗人信者가 있다할지라도 主體가되지못하고 客觀的이므로 그中에서 特殊한事業과 特別한工夫를 한사람이있다면 已어니와 그렇지못한普通信者에 있어서는 出世間工夫하는 僧侶와같이 부처님의直統弟子로나 佛家의

祖上으로 드러가기가 어려웁게되였으며 또는 宗敎라하는것은 人間을相對로된 것인데 人間이없는곳에다 敎堂을두었으니 世間生活에 奔忙한 그사람들로 어느 餘暇에 世間을 벗어나서 그敎를 받을것이며 衣食生活에 있어서도 士農工商의 原職業을 놓아버리고 佛供이나 施主나 動鈴으로써 生活을하였으니 어찌 大衆이 다할生活이며 또는 結婚에있어서도 出世間工夫하는사람은 絶對로禁하게되었으니 어찌 그生活이 또한 넓다할것인가 그러므로 우리는 世間工夫하는사람이나 出世間工夫하는 사람에對하여 主客의差別이없이 工夫와事業의等級만 따를것이며 또는 佛弟子의繼統하는데에도 差別이없이 直統으로 할것이며 修道하는 處所에도 信者를따라 어느곳이든지 設置하여야 할것이며 衣食住生活에 드러가서도 各自의處地를따라 할것이며 結婚에도 自意에맡길것이다 出家를하는것도 特殊한境遇를 除한外에 幼年期에는 文字를 배우게하고 壯年期에는 道學을 배우며 濟度事業에 努力케하고 六十이넘어서는 景致좋은 山中寺院에 들어가서 世間의愛着貪着을 다 여이고 生死大事를 鍊磨하며 不寒不熱한春秋六個月

이 되고보면 世間教堂을 巡廻하여 모든信者로하여금 善道에나아가도록 教化에 努力하며 冬夏六個月이 되고보면 出入을中止하고 山中生活에 드러가서 물소리 새소리 自然의風樂을 둘너놓고 이무삼道理와 南無阿彌陀佛로 벗을삼아 餘年을 마치고보면 一生生活에 缺陷된點이 없을것이며 또는 見性 養性만 主로할것이 아니라 率性을加하여 工夫의要道와 人生의要道를 만들어야 할것이며 機關에 드러가서도 時代와人心을 따라 이教理 이制度를 運轉하는데 缺陷됨이 없도록 하기로하는바이다

第六章 偏僻된修行을圓滿한修行으로

在來佛教에서 信者에게 가르치는科目은 或은 經典을가르치며 或은 話頭를들고 坐禪하는法을가르치며 或은 念佛하는法을가르치며 或은 呪文을가르치며 或은 佛供하는法을가르치는대 그가르치는 本意가 모든經典을가르처서는 佛教에對한教理나 制度나 歷史를 알리기爲함이오 話頭를들려서 坐禪시키는것은 經典으

로 가르치가도어렵고 말로가르치기도어려운 玄妙한眞理를 깨치게함이오 念佛과 呪文을 읽게하는것은 번거한世上에 사는사람이 愛着貪着이 많아여 正道에 들기가 어려운고로 처음 佛門에 오고보면 번거한精神을 統一시키기爲하야 가르치는法이오 佛供法은 僧侶의生活에 도음을 얻기爲하여 가르치나니 信者에있어서는 이科目을 한사람이 다 배워야할것인대 佛法에對한 理解가 적은사람은 이科目內에或은한科目이나或은두科目이나갖이고서로내가옳으니 네가긇으니 是非가紛々하며 各自가서로 黨派를지어서 初入者의信誠을 妨害하며 또는 信者의統一을 妨害하며 또는 一般佛敎의威信을 墮落케하여 發展에 對한 障害가 있게되므로 모든科目을 統一하여 禪宗의千萬話頭와 敎宗의모든經典을 鍛鍊하여 번거한 話頭와 번거한經典은 다 놓아버리고 그中에 第一綱領과 要旨를 밝힌 話頭와 經典으로 일과理致에 硏究力얻는科目을 定하고 念佛 坐禪 呪文을 단련하여 精神統一하는修養科目을 定하고 모든戒律과 果報받는內譯과 兩大恩과 四重恩을 단련하여 世間生活에 適切한作業取捨의科目을 定하고 모든信者로하여금 이 三大科目을 並進하게하되 研究科目을 단련하여는 부처님과같이 理無碍事無碍하는研究力을 얻게하며 修養科目을 단련하여는 부처님과같이 事物에 끌리지않는定力을얻게하며 取捨科目을 단련하여는 부처님과같이 不義와正義를分析하여 實行하는데 取捨力을 얻게하여 이 三大力으로써 日常生活에 佛供하는資料를삼어 모든誓願을 達成하는데 寶鑑을 삼ㅅ게하면 教理가 自然統一될것이오 信者도 또한 統一이될줄로믿는다

第七章 過去의禮法을現在의禮法으로

在來寺刹에서는 여러가지 形式佛供이 많었으나 우리는 法身佛一圓相을 眞理的으로뫼시고 事實佛供을 爲主하는지라 在來의煩雜한禮法을 다 準行할것이없고 또한 在來佛教는 出世間生活을 本位로하였는지라 世間生活에對한禮法을 많이밝히지 아니하였으나 우리는 佛教를 大衆化하기로하는지라 世間生活에 對한禮法을 더밝혀야 할것이다 그러나 時代와 人心을따라 過去에는 비록 適切한禮

法이라도 現在에와서는 適切치못할點이있고 現在에는 비록 適切한禮法이라도 未來에가서는 適切치못할點이있나니 우리는 在來佛敎의 禮法에도 끌리지말고 世俗의舊禮에도 끌리지말고 新舊禮法間에 오직 時代와人心에 適切한禮法을 硏究하여 그禮法을實行하는대로 一般社會에 發展을도아주고 有益을주게할지언정 그反面에 그禮法을行하므로써 社會發展에 障碍가되고 우리의生活을 害롭게하는禮法은 改正하자는것이니라

第八章 眞理信仰과釋尊崇拜

우리는 法身佛一圓相을 修行의標本과 眞理的信仰의對像으로뫼시고 釋迦牟尼佛을 敎主로崇拜하나니 그理由는 圓相의眞理를 悟得하여 各自의마음을 알자는것이오 또는 各自의마음을 圓相과같이 守護하자는것이오 또는 各自의마음을 圓相과같이 使用하자는것이오 또는 釋迦牟尼佛像이 우리모든衆生의 願을따라 罪를赦하고 福을주신다는것이 그證據가 자상치못함을 밝히기爲함이오 또는 智

慧로운者는 믿지아니하고 어리석은者는 더욱어리석게하는迷信을 打破하기爲함이오 또는 信者가 그佛像을 뫼시기로하여도 造成하기가 어려움을 없게하가爲함이오 또한 釋尊을 敎主로崇拜하자는것은 諸佛祖師正傳의心印即∴一圓의眞理를 悟得하시와 우리에게傳해주신 그恩惠로써 그等像佛은 뫼시지아니하여도 儒敎에서 孔子님을崇拜하듯이 예수敎에서 예수氏를崇拜하듯이 하자는것이나 悟得한者에 있어서는 法身佛과 釋迦牟尼佛이 둘이아닌줄을 알것이니라

第九章 佛供하는法

在來의佛供法과같이 天地에게當한罪福도 等像佛에게빌고 父母에게當한罪福도 等像佛에게빌고 同胞에게當한罪福도 等像佛에게빌고 法律에當한罪福도 또한 等像佛에게만 빌것이아니라 宇宙萬有는 곳 法身佛의應化身이니 當하는곳마다 佛像이오(處々佛像) 일일이 佛供法이될지니(事々佛供) 天地에게當한罪福은 天地에게 父母에게 當한罪福은 父母에게 同胞에게當한罪福은 同胞에게 法

律에當한罪福은 法律에 하는것이 事實인同時에 十中八九는 成功하는佛供法이 될것이다 또는 그佛供하는期限에있어서도 在來와같이 漠然히 限定없이 할것이 아니라 數萬世上을 하여야 成功될일도있고 數千世上을 하여야 成功될일도있고 數百世上을 하여야 成功될일도있고 數十世上을하여야 成功될일도있고 一二世上을하여야 成功될일도있고 數十年을하여야 成功될일도있고 數月數日을하여야 成功될일도있을것이니 그일의性質을따라 適當한期限으로 佛供하는것이 또한 事實인同時에 十中八九는 반드시成功하는法이 될것이니라

第十章 法身佛一圓相造成法

法身佛의形像을 그려말하자면 곧 一圓相이오 一圓相의內譯을말하자면 곧 兩大恩이오 그內譯을 또말하자면 곧 四重恩이니 法身佛一圓相을 崇拜하기로하면 各自의形便을따라 다음과같은模型으로 나무에 金이나먹(墨)으로 刻字를하든지 그렇지못하면 비단이나 종이에 그려서 족자를하든지 하여 壁上에淨潔히 奉安

하고 心告(심고)와 祈禱(기도)를 行(행)할것이니라

法身佛

古佛未生前
凝然一相圓

第十一章(제십일장) 心告(심고)와 祈禱(기도)

사람이 出世(출세)하여 世上(세상)을 살어가기로하면 自力(자력)과 他力(타력)으로써 生活(생활)해가나니 自力(자력)은 他力(타력)의 根本(근본)이되고 他力(타력)은 自力(자력)의 根本(근본)이되므로 自信(자신)할만한 他力(타력)을 얻은 사람은 나무뿌리가 땅을만남과같은지라 그러므로 우리는 自信(자신)할만한 四恩(사은)의 恩惠(은혜)와 威力(위력)을 알었으니 이 圓滿(원만)한 四恩(사은)으로써 信仰(신앙)의 根源(근원)을 삼ㅅ고 질거운일을 當(당)할때는 感謝(감사)를올리며 괴로운일을 當(당)할때는 謝罪(사죄)를올리고 決定(결정)하기 어려운일을 當(당)할때는 決定(결정)될 心告(심고)와 或(혹)은 說明(설명)祈禱(기도)를올리며 難境(난경)을 當(당)할때는 順境(순경)될 心告(심고)와

或은 說明祈禱를올리고 順境을 當할때는 姦邪하고 妄佞된곳으로 가지않도록 心告와 或은 說明祈禱를하자는것이다 이 心告와祈禱의 意味를 알어서 精誠으로써 繼續하면 至誠이면 感天으로 自然 四恩의威力을얻어 願하는바를 일울것이며 樂있는生活을 할것이다 그러나 心告와祈禱하는 誓願에 違反이되고보면 도리어 四恩의威力으로써 罪罰이있나니 여기에 銘心하여 거짓된 心告와祈禱를 않아는것이 心告와祈禱의內譯을 아는사람이라고할것이다

心告와祈禱하는例

天地下鑑之位
父母下鑑之位
同胞應鑑之位
法律應鑑之位

被恩者某는 四恩前에 告白하옵나니다하고 그다음 上文說明에 記載한範圍內에서 各自의所懷를따라 心告와祈禱를하되 相對處가 있는境遇에는 默想心告와

實地祈禱와 說明祈禱를 다할수도있고 相對處가 없는境遇에는 默想心告와 說明祈禱만 하는것이니 默想心告는 自己心中으로만 하는것이오 實地祈禱는 相對處를따라 直接當處에 하는것이오 說明祈禱는 여러사람이 잘듯고 感動이되여 覺醒이生기도록 하는것이니라

第二編 敎義

第一章 四大綱領

正覺正行
知恩報恩
佛敎普及
無我奉公

一、四大綱領의 大義

正覺正行이라 하는 것은 一圓의 眞理 卽佛祖正傳의 心印을 悟得하여 그 眞理를 體받어서 眼耳鼻舌身意 六根을 作用할때 不偏不倚無過不及한 圓滿行을 하자는 것이며

知恩報恩이라하는것은 사람사람이 恩惠입기는 좋아하되 恩惠주기는 싫어하며 입은恩惠는 잘잊어버리되 준恩惠는 잊어버리지 아니하며 恩惠를 준後에 報答지아니하는것을 怨望은하되 恩惠을 받은後에 報答을 아니하면 怨望하는줄은 알지못하는것이 比하건댄 自己가 子女의자리에 있을때에 그父母의恩惠는몰라주면서 自己子女가 自己의恩惠 몰라주는것은 잘아는것과같이 서로 貪嗔痴에끌려서 다른사람의事情은 알어줄餘裕도없이 다만 自己생각하나뿐으로서 서로怨望하고 서로미워하여 個人家庭社會國家에 害毒이 많이 밋이게되나니 그러므로 怨望할일이있거든 四重恩으로 모든恩惠의所從來를 發見하여 怨望할일을 感謝하므로써 그恩惠를 報答하자는것이며

佛敎普及이라하는것은 在來와같이 佛弟子로서 佛法에 끌려 世上일을 못할것이아니라 그못할일을 佛弟子가 되므로써 잘하자는것이니 다시말하자면 佛弟子가되므로써 世上에 無用한사람이 될것이아니라 그佛法을 使用하므로써 有用한사람이되여 個人家庭社會國家에 도음이되고보면 그佛法은 自然히 普及된다는것

이며 無我奉公이라하는것은 自己나 自己家族만을 爲하려는 思想과 自由放縱하는 思想을버리고 오직 利他的 大乘行으로써 一切衆生을濟度하는대 誠心誠意를 다하자는것이니라 몰아말하자면 正覺正行을하고 知恩報恩을하고 佛敎普及을하는것은 다 無我奉公을 하기爲함이니라

第二章 一圓相

一、一圓相의眞理

一圓은 宇宙萬有의 根本자리며 諸佛祖師의本性자리며 凡夫衆生의 佛性자리며 大小有無에 分別이없는자리며 生滅去來에 變함이없는자리며 善惡業報가 끈어진자리며 言語名相이 頓空한자리로서 空寂靈知의 光明을따라 大小有無에 分別이날아나서、善惡業報에 差別이생겨나며 言語名相이 完然하여 十方三界가 掌

中에 한구실같이 드러나고 眞空妙有의 造化는 宇宙萬有를通해서 無始曠劫에 隱現自在하는것이곧 一圓相의眞理이다

二、一圓相의信仰

一圓相의眞理를 宇宙萬有의根本자리로 믿으며諸佛祖師의 本性자리로 믿으며 凡夫衆生의佛性자리로 믿으며 大小有無에 分別이없는자리로 믿으며 生滅去來에 變함이없는자리로 믿으며 善惡業報가 끊어진자리로 믿으며 言語名相이 頓空한자리로 믿으며 그없는자리에서 空寂靈知의光明을 따라 大小有無에 分別이 낱아나는것을 믿으며 善惡業報에 差別이 생겨나는것을 믿으며 言語名相이 完然하여 十方三界가 掌中에한구실과같이 들어나는것을 믿으며 眞空妙有의造化는 宇宙萬有를 通해서 無始曠劫에 隱現自在하는것을 믿는것이 곧 一圓相의 信仰이다

三、一圓相의修行

一圓相의眞理를 信仰하므로써 修行의 標本을삼나니 그方法은 一圓相의眞理를

悟得하여 圓滿具足하고 至公無私한 各自의마음 卽般若智를 알자는것이며 또는 一圓과같이 圓滿具足하고 至公無私한 各自의마음 卽般若智를 養成하자는것이며 또는 一圓과같이 圓滿具足하고 至公無私한 各自의마음 卽般若智를 使用하자는것이 곧 一圓의修行이다

四, 一圓相誓願文

一圓은 言語道斷의入定處이오 有無超越의生死門인바 天地 父母 同胞 法律의 本源이오 諸佛 祖師 凡夫 衆生의 性品으로 能以成 有常하고 能以成 無常하여 有常으로보면 常住不滅로 如々自然하여 無量世界를 展開하였고 無常으로보면 宇宙의成住壞空과 萬物의生老病死와 四生의心身作用을 따라 六道로變化를시켜 或은 進級으로 或은 降級으로 或은 恩生於害로 或은 害生於恩으로 이와같이 無量世界를 展開하였나니 우리어리석은衆生은 此法身佛一圓相을 體받어서 心身을 圓滿하게 守護하는工夫를하며 또는 事理를 圓滿하게아는工夫를하며 또는 心身을 圓滿하게使用하는工夫를 至誠으로하여 進級이되고 恩惠는 입을지언

정 降級이되고 害毒은 입지아니하기로써 一圓의威力을 언도록까지 誓願하고 一圓의體性에 合하도록까지 誓願함

五、一圓相法語

此圓相의眞理를 覺하면 十方三界가 다吾家의所有인줄을 알며 또는 宇宙萬物이 이름은 各各다르나 둘이아닌줄을 알며 또는 諸佛祖師와 凡夫衆生의性品인줄을알며 또는生老病死의理致가 春夏秋冬과같이 되는줄을 알며 또는 因果報應의理致가 陰陽相勝과같이 되는줄을 알며 또는 圓滿具足한것이며 至公無私한것인줄을 알리로다

此圓相은 눈을使用할때 쓰는것이니 圓滿具足한것이며 至公無私한것이로다

此圓相은 귀를使用할때 쓰는것이니 圓滿具足한것이며 至公無私한것이로다

此圓相은 코를使用할때 쓰는것이니 圓滿具足한것이며 至公無私한것이로다

此圓相은 입을使用할때 쓰는것이니 圓滿具足한것이며 至公無私한것이로다

此圓相은 몸을使用할때 쓰는것이니 圓滿具足한것이며 至公無私한것이로다

此圓相은 마음을使用할때 쓰는것이니 圓滿具足한것이며 至公無私한것이로다

六、一圓相의由來

慈覺禪師께서 이르시되「古佛未生前에凝然一相圓」이라하엿나니 이로써본진댄 古佛이 나기前에도 一圓相의眞理는 儼然存在하엿고 古佛出世後에도 一圓相의眞理는 如如하여 始終과 古今이 없음을 可히알지로다、그러나 法을가르치가

爲하여 形式으로써 이一圓相을 그려내신분은 六祖大師門下의 南陽慧忠國師이시다(馬祖禪師도當時에圓相을作한바있었으니擧皆가慧忠國師로爲始라함)國師가 이 一圓相을 耽源禪師에게 傳하시고 耽源禪師는 다시 仰山禪師에게 傳하여 이 一圓相이 마침내 潙仰宗의 宗要가 되였고 그後로 모든禪師들이 此를 많이利用하여 禪家의本來面目을 表像하는 한家具가 되였나니라

第三章 偈頌

一、偈頌

有는無로 無는有로
돌고돌아 至極하면
有와無가 俱空이나
俱空亦是 具足이라

第四章(제사장) 四恩(사은)

天地恩(천지은)

父母恩(부모은)

同胞恩(동포은)

法律恩(법률은)

第一節(제일절) 天地恩(천지은)

一、天地被恩(천지피은)의 綱領(강령)

우리가 天地(천지)에서 입은 恩惠(은혜)를 가장 쉽게 알고저할진댄 먼저마땅히 天地(천지)가 없어도 이 存在(존재)를 保全(보전)하여 살수있을것인가 하고 생각해볼것이다 그런다면 아무리 天痴(천치)요 下愚者(하우자)라도 天地(천지)없어서는 살지못할것은 다 認證(인증)할것이나 없어서는 살

지못할關係가있는 그天地가 오직이나 우리에게 큰恩惠가 되였느냐

大凡 天地에는 道와德이있으니 宇宙內모든機關이 自動的으로 運行하는것은 天地의道요 그道가 行하는데에 낱아난 結果는 天地의德이라 天地의道와德은 至極히 밝은것이며 至極히 精誠한것이며 至極히 公正한것이며 順理自然한것이며 廣大無量한것이며 永遠不滅한것이며 吉凶이없는것이며 應用에無念한것이니 萬物은 이大道가流行되여 大德이낱아난 가운대 그生命을 持續하며 그形殼을保存하나니라

二、天地被恩의條目

一、하늘의空氣가 있으므로써 우리가 呼吸을 通하고 살게됨이오

二、땅의 바탕이 있으므로써 우리가 形體를 依支하고 살게됨이오

三、日月의밝음이 있으므로써 우리가 森羅萬像을 分別하여 알게됨이오

四、風雲雨露之澤이 있으므로써 萬物이長養되여 그産物로써 우리가 살게됨이오

五、天地는 生滅이 없으므로써 萬物이 그道를따라 無限한壽를얻게됨이니라

三、天地報恩의綱領

사람이 그恩惠를 갚가로하면 먼저마땅히 그道를 體받아서 實行할것이니라

四、天地報恩의條目

一、天地의至極히 밝은道를 體받아서 千萬事理를 研究하여 걸림없이 알것이오

二、天地의至極히 精誠한道를 體받아서 萬事를作用할때 間斷없이 始終이如一하게 그目的을達할것이오

三、天地의至極히 公正한道를 體받아서 萬事를作用할때 遠近親疎와 喜怒哀樂에 끌리지아니하고 오직 中道를 잡을것이오

四、天地의順理自然한道를 體받아서 萬事를 作用할때 合理와 不合理를 分析하여 合理는取하고 不合理는 捨할것이오

五、天地의廣大無量한道를 體받아서 偏着心을 없이할것이오

六、天地의永遠不滅한道를 體받아서 萬物의變態와 人生의生老病死에 解脫을

얻을것이오

七、天地의吉凶없는道를 體받아서 吉한일을 當할때 凶할일을 發見하고 凶한일을 當할대 吉할일을 發見하여 吉凶에 끌리지 않을것이오

八、天地의應用無念한道를 體받아서 動靜間無念之道를 養成할것이며 精神肉身物質이 三方面으로 恩惠를 베푸른後 그觀念과相을 없이할것이며 或 저被恩者가 背恩忘德을 하드래도 前에 恩惠베푸럿다는일로 因하여 더 미워하고 怨讎를 맺지아니할것이니라

五、天地의背恩

天地의被恩 報恩 背恩을 알지못하는者와 設使안다할지라도 報恩의實行이 없는者이니라

六、天地報恩에對한疑頭解釋

天地는 우리에게 恩惠를 입혔거늘 우리는 한갓 天地의道를 본받어 行한것만으로 어찌 報恩이라 할것인가

이에對하여 簡單히 한例를들어 말한다면 過去佛菩薩의會上에나 聖賢君子의 門庭에 그弟子가 先生의가르치신 恩惠를 받은後 設使 物質의報酬는 없다할지라도 그先生의 아는것을 다 알고 行하는것을 다 行하여 先生의事業을 能히 繼承하게된다면 우리는 그를일러 先生의報恩者라 할것인가 背恩者라 할것인가 이것을 미루어 생각할때에 天地의道를 본받어行함이 天地의報恩이 될것임을 可히알것이다

七、天地報恩의結果

우리가 報恩의條目을 一々히實行하여 天地의報恩을한다면 天地와 내가 둘이 아니오 내가 곧 天地일것이며 天地가 곧 나일지니 저 하늘은 비록空虛하고 땅은 차라리沈默하여 直接 福樂은 나리지않는다하드래도 自然 天地같은威力과 天地같은 壽命과 日月같이밝음을 얻어 人天大衆과 世上은 곧 天地같이 優待할 것이니라

八、天地背恩의結果

우리가 萬一 天地의背恩을 한다면 곧 天罰을받게될것이니 알기쉽게 그例를 든다면 그天道를 본받지못함에따라 應當 事理間에 無識할것이며 每事에 精誠이 적을것이며 每事에 過不及한일이 많을것이며 每事에 不合理한일이 많을것이며 每事에 偏着心이 많을것이며 萬物의變態와 人間의生老病死와 吉凶禍福을 모를것이며 德을써도 相에執着하여 안으로 자랑하고 밖으로 自慢할것이니 이러한 사람의앞에 어찌 罪害가 없으리오 天地는 또한 空寂하다하드래도 偶然히 도라오는苦나 自己가 지어서 받는苦는 곧 天地背恩에서 받는罪罰이니라

第二節 父母恩

一、父母被恩의綱領

우리가 父母에게서 입은恩惠를 가장 쉽게알고저할진댄 먼저마땅히 父母가 아니여도 이形體를 이世上에 낱아나게되였으며 設使 낱아낫드래도 自力없는 우리로서 제절로 長養될수있을것인가 하고 생각해볼것이니 그런다면 누구를勿

論하고 그렇지못할것은 다 認證할것이다 父母가아니면 이形體를 낟아내지못하고 長養되지못하게된다면 그같이큰恩惠가 또어듸있느냐

大凡 사람의生死라 하는것은 自然의公道요 天地의造化라 할것이지마는 無自力한때 生育의大恩과 人道의大義를 가르처주심은 곧 父母의被恩이니라

二、父母被恩의條目

一、父母가 있으므로써 萬事萬理의根本되는 이形體를 얻게됨이오

二、모든사랑을 이에 다하사 왼갖수고를 잊으시고 自力을 얻을때까지 養育하고 保護하여 주심이오

三、사람의할 義務와責任을 가르처 人類社會로 指導하심이니라

三、父母報恩의綱領

無自力할때 被恩의道를보아서 힘에및이는대로는 無自力한사람에게 保護를 줄것이니라

四、父母報恩의條目

一、工夫의要道를 지내나서 人生의要道를 遺漏없이 밟을것이오(工夫의要道는三學과八條요人生의要道는四恩과四要들이)

二、生父母가無自力하여 子女의侍奉이아니고는 어찌할수없는 境遇에 이르고보면 힘에및이는대로는 心志의安樂과 肉體의奉養을 드릴것이오

三、힘에및이는대로는 生父母가 生存하시거나 涅槃하신後나 無自力한 他人의父母라도 내父母와같이 保護할것이오

四、父母가 涅槃하신後는 歷史와 影像을 奉安하였다가 每年涅槃紀念式을 行할것이니라

五、父母의背恩

父母의被恩 報恩 背恩을 알지못하는者와 設使 안다할지라도 報恩의 實行이없는者이니라

六、父母報恩에對한疑頭解釋

工夫의要道를 지내나서 人生의要道를 밟음이 어찌 父母報恩이될것인가

工夫의要道를 밟으면 부처의知見을 얻을것이오 人生의要道를 밟어나면 부처의行함을 얻을지니 子女된者로서 부처의知行을얻어 부처의事業을 이룬다면 그令名이 넓은世上에 드러나서 自然 父母의恩惠까지 드러나게될지라 이리된다면 그子女로 말미아마 그父母의 令名이 千秋에永傳하여 萬人의 尊慕할바될지니 어찌 短促한一生에 侍奉만드린것에 比하리오 故로 이는 實로 無量한報恩이 될것이니라

無自力한 他人의父母를 奉養함이 어찌 내父母의 報恩이 될것인가

이에對하여는 過去佛說에 이르되 사람의肉體는 生滅盛衰가있으나 一點의精靈은 不生不滅하여 機會를따라 때때로 날운다하였으니 이로써보면 過去 未來數千萬劫을 通하여 定하였든父母와 定할父母가 實로限이없고 數가없을지라 이많은 父母의恩惠를 어찌 現生父母 한두분의恩惠를 갚음으로써 다하였다하리오 그러므로 現生父母가 生存하시거나 涅槃하신後나 힘에및이는대로 無自力한 他人父母保護法을쓰면 이는 過去 現在 未來 三世一切父母의 深重한恩惠를 갚음

이되나니라

七、父母報恩의結果

우리가 父母의報恩을한다면 나는 내父母에게 報恩을하였것마는 世上은 自然 나를爲하고 貴히알것이며 사람의子孫은 善惡間에 반듯이 그父母의行하는것을 본받어行하는것이 避할수없는 理致인지라 나의子孫도 마땅히 나의報恩하는道를받어 나에게孝誠할것은 勿論이오 또는 無自力者를 保護한結果 世々生々去來間에 或 나의無自力한때가 있다할지라도 恒常 衆人의도음을 받을것이니라

八、父母背恩의結果

우리가 萬一 父母의背恩을 한다면 나는 내父母에게 背恩을 하였것마는 世上은 自然 나를미워하고 排斥할것이오 당장 제가나흔 제子孫도 그道를본받어 直接殃禍를 끼칠것은 勿論이며 또는 世世生生去來間에 或 나의無自力한때가 있다할지라도 恒常衆人의 버림을 받을것이니라

第三節 同胞恩

一、同胞被恩의綱領

우리가 同胞에게 입은恩惠를 가장쉽게알고저할진댄 먼저마땅히 草木도없고 禽獸도없고 사람도없는곳에 나혼자라도 살수있을것인가 하고 생각해볼것이니 그런다면 누구나 다 살지못할것은 認證할것이다 万一 同胞의도음이 없이 同胞의依支가 없이 同胞의供給이 없이는 살수없다면 그같이 큰恩惠가 또 어대있으랴

大凡 이世上은 士農工商의네가지 生活綱領이있고 사람은 그綱領職業下에서 活動하여 各自의 所得으로써 千萬物質을 서로交換할때 오직 自利々他로써 서로 서로 도움이되고 被恩이 되였나니라

二、同胞被恩의條目

一、士는 千萬技術을배와 모든學術로써 農工商을 指導敎育하여줌이오

二、農은 갈고심어서 士工商의衣食原料를 작만하여줌이오

三、工은 各種物品을 製造하여 士農商의 住處와 需用品을 供給하여줌이오

四、商은 千萬物質을 交換하여 士農工의生活에 便利를 도아줌이오

五、至於 禽獸草木까지라도 사람의도음이 됨이니라

三、同胞報恩의綱領

同胞에게 이미 이러한 自利々他로써 被恩이 되엿으니 그恩惠를 갚고저할진댄 士農工商이 千萬技術을 서로나수고 千萬物質을 서로交換하 他의道를 體받어서 恒常 自利々他를 써야할것이니라

四、同胞報恩의條目

一、士는 農工商을 對하여 千萬技術을 教化할때와 모든政事를할때에 恒常公正한 立場에서 自利々他로써 交際할것이오

二、農은 士工商을對하여 衣食原料를 提供할때 恒常公正한立場에서 自利々他로써 交際할것이오

三、工은 士農商을 對하여 住處와 需用品을 供給할때 恒常公正한立場에서 自利々他로써 交際할것이오

四、商은 士農工을 對하여 千万物質을 交換할때 恒常公正한立場에서 自利々他
로써 交際할것이오
五、草木禽獸까지라도 緣故없이는 꺽고 殺生하지말것이니라

五、同胞의 背恩

同胞의被恩 報恩 背恩을 알지못하는者와 設使 안다할지라도 報恩의實行이
없는者이니라

六、同胞報恩의結果

우리가 同胞의報恩을 한다면 自利々他에서 感化를받은 모든同胞가 서로 사
랑하고 즐거하여 나의自身도 擁護와優待를 받을것이오 個人과個人끼리 사랑할
것이오 家庭과家庭끼리 親睦할것이오 社會와社會끼리 相通할것이오 國家와國
家끼리 平和하여 結局想像치못할 理想의世界가 될것이나 万一 全世界人類가 다
報恩者가되지못할때에 或背恩者의 作亂으로因하여 모든同胞가 苦海中에 들게
되면 救世聖者들이 慈悲方便을 배푸사 或은武力 或은政治 或은道德으로 背恩

衆生을 濟度하게 되나니라

七、同胞背恩의 結果

우리가 萬一 同胞의 背恩을 한다면 모든同胞가 서로미워하고 싫여하며 서로怨讎가되여 個人과個人끼리 싸움이오 家庭과家庭끼리 嫌隙이오 社會와社會끼리 反目이오 國家와國家끼리 平和를보지 못하고 戰爭의世界가 되고말것이니라

第四節 法律恩

一、法律被恩의綱領

우리가 法律에서 입은恩惠를 가장쉽게알고저 할진댄 個人에있어서 修身하는 法律과 家庭에있어서 齊家하는法律과 社會에있어서 社會다스리는法律과 國家에있어서 國家다스리는法律이없고도 安寧秩序를 維持하겠는가 생각해볼것이니 그런다면 누구나 살수없다는것은 다 認證할것이다 없어서는 살수없다면 그같이 큰恩惠가 또어듸있느냐

大凡 法律이라하는것은 人道正義의 公正한規則을 이름이니 人道正義의 公正한規則은 個人에빛이면 個人이도음을 얻을것이오 家庭에빛이면 家庭이도음을 얻을것이오 社會에빛이면 社會가도음을 얻을것이오 國家에빛이면 國家가도음을 얻을것이오 世界에드러난즉 世界가도음을 얻을것이니라

二、法律被恩의條目

一、士農工商의機關을 設置하고 指導勸勉에 專力하여 우리의生活을 保全시키며 知識을涵養케함이오

二、是非利害를區分하여 不義를懲戒하고 正義를세워 安寧秩序를 維持하여 우리로하여금 平安히살게함이니라

三、法律報恩의綱領

法律에서 입은恩惠가 禁止하는 條件으로써 被恩이되였으면 그道에順應하고 勸奬하는 條件으로써 被恩이되였으면 그道에 順應할것이니라

四、法律報恩의條目

一、個人에 있어서는 修身하는 法律을배워行할것이오

二、家庭에 있어서는 家庭다스리는 法律을배워 行할것이오

三、社會에 있어서는 社會다스리는 法律을배워 行할것이오

四、國家에 있어서는 國家다스리는 法律을배워 行할것이니라

五、法律의 背恩

法律의被恩 報恩 背恩을 알지못하는者와 設使 안다할지라도 報恩의實行이 없는者이니라

六、法律報恩의結果

우리가 法律의報恩을 한다면 우리自身도 法律의保護를 받어갈수록 拘束은없어지고 自由를 얻게될것이며 世上도 秩序가 整然하고 士農工商이 益々發達하여 無上한安樂場이될것이며 또는 立法治法의 恩惠도 갚음이될것이니라

七、法律背恩의結果

우리가 萬一 法律의背恩을한다면 우리自身도 法律이容恕치아니하여 不自由

와拘束을 받게될것이오 世上도 秩序가 紊乱하여 騷乱한修羅場이 될것이니라

第五章 四 要

自力養成
智者本位
他子女教育
公道者崇拜

第一節 自力養成

一、自力養成의綱領

自力이없는 어린이가되든지 老昏한 늙은이가되든지 어찌할수없는 病든이가 되든지하면 已어나와 萬一 그렇지 아니한以上에는 自力을 工夫삼아 養成하여 사람으로서 免할수없는 自己義務와 責任을직히는同時에 힘에밎이는대로는 自

力欲는者에게 保護를 주자는것이니라

二、過去朝鮮人의依賴生活條目

一、父母 兄弟 夫婦 子女 親族中에 或 自己의 以上生活을 하는사람이 있다하면 그에依支하여 놀고먹자는것이며 또는 依賴를求하여도 들어주지아니하면 同居하자는것이며 또는 他人에게 借金을쓰고 갚지아니하면 一族이 全部그借金을賠償하다가 서로 못살게되였으니 그어찌 自力生活을 하게되였으리오

二、女子는 어려서는 父母에게依支하고 結婚後에는 男便에게依支하고 늙어서는 子女에게依支하게되며 또는 權利가 同一치못하여 男子와같이 敎育도 받지못하였으며 또는 社交의權利도 얻지못하였으며 또는 財産에對한 相續權도 얻지못하였으며 또는 自己의心身이지마는 一動一靜에 拘束과壓迫을 免치못하게되였으니 그어찌 自力生活을 하게되였으리오

三、自力者로서他力者에게勸奬할條目

一、自力者로서 依賴求하는者를 對할때에 그依賴를 받어주지 아니할것이오

二、父母로서 子女에게 財産을 分給하여줄때에는 長子나 次子나 女子를 勿論하고 그財産을받어 維持못할者를 除한外에는 다같이 分給하여줄것이오

三、結婚後 物質的生活을 各自히하게 할것이며 또는 서로 獨特한사랑을 主로할것이아니라 各自의 義務와責任을 主로할것이오

四、其他 모든일을 境遇와 國法에따라 處理하되 過去와같이 女子라고 區別할것이아니라 일에따라 待遇하여 줄것이니라

四、自力養成의條目

一、男女를 勿論하고 어리고 늙고 病들고하여 어찌할수없는 依賴면 已어니와 그렇지 아니한以上에는 過去와같이 依賴生活을 하지아니할것이오

二、女子도 人類社會에 活動할만한 敎育을 男子와같이 받을것이오

三、女子도 職業에 勤實하여 生活에 自由를얻을것이며 또는 生父母의生前死後를 過去長子의禮로써 같이바들것이오

四、次子도 生父母의 生前死後를 過去長子의禮로써 같이바들것이니라

第二節 智者本位

一、智者本位의綱領

智者는 愚者를가르치고 愚者는 智者에게 배우는것이 原則的으로 當然한일이니 어떠한 處地에있든지 배울것을 求할때에는 過去不合理한 差別制度에 끌릴것이아니라 오직 求하는者의 目的만 達하자는것이니라

二、過去不合理한差別制度의條目

一、班常의差別이오
二、嫡庶의差別이오
三、老少의差別이오
四、男女의差別이니라

三、智者本位의條目

一、率性의道와 人事의德行이 自己以上이 되고보면 스승으로알것이오
二、모든政事를하는것이 自己以上이 되고보면 스승으로알것이오

三、生活에對한 知識이 自己以上이 되고보면 스승으로알것이오

四、學問과技術이 自己以上이 되고보면 스승으로알것이오

五、其他 모든常識이 自己以上이 되고보면 스승으로알것이니라

但 智者本位의 條目에 該當한者를 根本的으로 差別있게 할것이아니라 求하는때에있어서 하자는것이니라

第三節 他子女敎育

一、他子女敎育의綱領

過去의敎育機關이 너무나 偏少하고 또는 自他의局限을 벗어나지못하여 敎育의文明이 遲滯되였으므로 그 敎育의機關을 擴張하고 自他의局限을 벗어나서 廣漠한世上에 敎育의文明을 促進하고 모든 同胞로하여금 한가지 樂園에 가도록 하자는것이니라

二、過去朝鮮敎育의缺陷條目

一、政府에서 人民에게 對하여 積極的敎育을 시키지 못하였음이오

二、社會에서 敎育에對한 積極的誠意와 勸奬이 없었음이오

三、敎育의制度가 女子는 가르치지아니하고 男子만 가르치게 되였음이오

四、班常差別로 因하여 下等사람은 敎育에對한 生意도 못하게 되였음이오

五、個人에 있어서도 무슨敎育이든지 自己子孫은 或가르치나 敎育을 받은者로 敎育의惠澤을 넓이 들어내는사람이 稀少하였음이오

六、言論과 通信機關이 不便한데따라 몇十里에對한 敎育의意見交換이 稀少하였음이오

七、有産者가 子孫敎育에 或誠意는있으나 子孫이없을때는 없는子孫을 求하려하며 求하다 이루지못하면 家産을 蕩盡하거나 飮酒濫色으로 헛된世上을 지내게되였음이오

八、無産한사람은 或子孫敎育에 誠意는있으나 子孫이많으면 먹이고 입히는데따라 敎育할能力이 없었음이니라

三、他子女敎育의條目

一、敎育의 缺陷條目이 없어지는機會를만난 우리는 生子女가없다고 없는子女만 求할것이아니라 他子女라도 내子女와같이 敎育하기爲하여 敎育機關에 힘및이는대로 助力도하며 또는 事情이 許諾되는대로 自己가 낳은폭잡고 멧名이든지 責任지고 敎育할것이오

二、子女가 있는사람으로서 自己子女를 가르치고도 또한 事情만 許諾된다면 멧名을 더낳은폭잡고 責任지고 敎育할것이오

三、本會員으로서 他子女敎育의條目을 單獨的으로 實行할時는 本會로부터 그狀況을 調査하여 그功績의多少를따라 表彰도하고 待遇도 하여줄것이니라

第四節 公道者崇拜

一、公道者崇拜의綱領

世界에서 公道者崇拜를 極盡이하면 世界를 爲하는公道者가 많이날것이오 國家에서 公道者崇拜를 極盡이하면 國家를 爲하는公道者가 많이날것이오 社會에

서 公道者崇拜를 極盡이하면 社會를 爲하는公道者가 많이날것이오 宗敎家에서 公道者崇拜를 極盡이하면 宗敎를爲하는 公道者가 많이날것이나 우리도또한 本會를爲하여 여러方面으로 惠施한사람의 功績의等級을따라 在來家庭에서 子孫이祖父母에게 하는禮로써 生前死後를 祖上으로뫼시고 崇拜하자는것이니라

二、過去朝鮮公道事業의缺陷條目

一、生活의綱領이고 公益의基礎인 士農工商의專門敎育이 稀少하였음이오

二、이에따라 士農工商의施設機關이 稀少하였음이오

三、宗敎의敎理와 制度가 大衆的이 되지못하였음이오

四、政府나 社會에서 公道獻身者의 表彰이 稀少하였음이오

五、敎育의文明이 自力을 얻지못하였으며 他力을 벗어나지 못하였음이오

六、他人을 害하여다가 自己를 有益케하는마음과 또는 遠近親疎에 끌리는마음이 深刻한 緣故이오

七、見聞과 常識이 적었음이오

八、家庭에 獻身하여 家庭的으로 崇拜함을 받는것과 公道에 獻身하여 公衆的으로 崇拜함을 받는것이 무엇인지 아는사람이 稀少하였음이니라

三、公道者崇拜의條目

一、公道事業의 缺陷條目이 없어지는機會를 만난우리는 家庭事業과 公道事業을 區分하여 같은事業이면 自他의局限을 벗어나서 公道事業을 할것이오

二、大衆을 爲하여 公道에獻身한사람은 그努力한 功績의等級을따라 老衰하면 奉養하고 涅槃後는 喪主가되여 喪葬을 負擔하며 影像과 歷史를 保管하였다가 每年涅槃紀念式을 行할것이니라

第六章 三學

精神修養(定)

事理硏究(慧)

作業取捨(戒)

第一節 精神修養

一、精神의要旨

精神이라함은 마음이두렷하고 고요하여 分別性과 住着心이 없는때이니라

二、修養의要旨

修養이라함은 안으로 分別性과 住着心을 없이하며 밖으로 散亂하게하는境界를 멀리하여 두렷하고 고요한精神을 養成시킴이니라

三、精神修養의目的

有情物이라하는것은 배우지아니하되 根本的으로 알아지는것과 根本的으로 하고저하는慾心이 있는데 兼하여 最靈한사람은 보고듯고배우고하여 아는것과 하고저하는것이 다른動物에 몇倍以上이 되므로 그 아는것과 하고저하는것을 取하자면 禮義廉恥와 公正한法則은 생각할餘裕도없이 自己에게있는 權利와 技能과 武力을 다하여 慾心만채우려하다가 結局은 家敗身亡도하며 煩悶妄想과

憤心焦慮로 自暴自棄의 厭世症도나며 或은 神經衰弱者도되며 或은失眞者도되며 或은 極度에드러가 自殺하는者까지도 있게되나니 그런고로 千枝萬葉으로 벋려가는 이慾心을 除去하고 穩全한 精神을언어 自主力을 養成하기爲하여 修養을 하자는것이니라

第二節 事理硏究

一、事의要旨

事라함은 곧 人間의是非와利害를 이름이니라

二、理의要旨

理라함은 곧 天造의 大小有無를 이름이니 大라함은 宇宙万物의 本體를 이름이오 小라함은 萬像이 形々色々으로 區別되어 있음을 이름이오 有無라하은 天地의 春夏秋冬四時循環과 風雲雨露霜雪과 萬物의 生老病死와 興亡盛衰의 變態를 이름이니라

三、事理研究의目的

이世上은 大小有無의 理致로써 建設되고 是非利害의 일로써 運轉해가나니 世上이 넓은만큼 理致의種類도 數가없고 人間이 많은만큼 일의種類도 限이없다 그러나 우리에게 偶然히도라오는 苦樂이나 우리가 지어서 받는苦樂은 各自의六根을 運用하여 일을 짓는結果이니 우리가 일의是非利害를 몰으고 自行自止한다면 刹那刹那로 六根을 動作하는바가 모두 罪苦로化하여 前程苦海가 限이없을것이오 理致의 大小有無를 몰으고산다면 偶然히도라오는 苦樂의原因을 몰을것이며 생각이短促하고 마음이偏陜하여 生老病死와 因果報應의理致를 모를것이며 事實과虛僞를 分揀치못하여 恒常虛妄하고 僥倖한데떠러저 結局은 敗家亡身의 지경에 이르게될지니 우리는 天造의 難測한理致와 人間의 多端한일을 미리硏究하였다가 實生活에 다달을때 빠르게 分析하고 밝게判斷하여 알자는것이니라

第三節 作業取捨

一、作業의 要旨

作業이라함은 大小事間에 眼耳鼻舌身意六根作用함을 이름이니라

二、取捨의 要旨

取捨라함은 正義는取하고 不義는 捨하자는것이니라

三、作業取捨의目的

精神을修養하여 修養力을얻었고 事理를硏究하여 硏究力을얻었다하드래도 實際 일을作用하는데있어 實行을하지못하면 修養과 硏究가 水泡에 도라갈뿐이오 實效果를 얻기가어렵나니 例를들면 줄기와 가지와 꽃과 잎은 좋은나무에 結實이없는것과 같다할것이다

大凡 우리人類가 善이좋은줄을알되 善을行치못하며 惡이글은줄은알되 惡을끊지못하여 平坦한樂園을버리고 險惡한苦海로 드러가는까닭은 그무엇인가 그것은 일에當하여 是非를몰라서 實行이없거나 設使 是非는안다하드래도 불같이일어나는 慾心을 制禦치못하거나 鐵石같이 굳은習慣에 끌리거나하여 惡은버리고

善은取하는 實行이없는까닭이니 우리는 正義어든 期於히取하고 不義어든 期於히捨하는 實行工夫를시켜서 싫어하는苦海는避하고 바라는樂園을 맞어 오게하자는것이니라

第七章 八條

信 忿 疑 誠

不信 貪慾 懶 愚

第一節 進行四條

一、信

信이라함은 믿음을이름이니 萬事를 이루려할때 마음을定하는原動力이오

二、忿

忿이라함은 勇壯한 前進心을 이름이니 萬事를 이루려할때 勸勉하고 促進하는原動力이오

三、疑

疑라함은 일과 理致에 모르는것을 發見하여 알고저함을이름이니 萬事를 이루려할때 모르는것을 알어내는 原動力이오

四、誠

誠이라함은 間斷없는마음을 이름이니 萬事를 이루려할때 그目的을 達케하는 原動力이니라

第二節 捨捐四條

一、不信

不信이라함은 信의反對로 믿지아니함을 이름이니 萬事를 이루려할때 決定을 얻지못하게 하는것이오

二、貪慾

貪慾이라함은 모든일을 常道에 벗어나서 過히取함을이름이오

三、懶

懶라함은 萬事를 이루려할때 하기싫어함을이름이오

四、愚

愚라함은 大小有無와 是非利害를 全然알지못하고 自行自止함을이름이니라

第八章 三大力

修養力

硏究力

取捨力

우리가 三學八條로 오래오래 工夫를繼續하면 結局 三大力을얻어 人生의要道를 實踐할때에 自由自在할것이니라

一、修養力

修養力이라함은 精神이 鐵石같이 堅固하여 千萬境界를 應用할때 마음이自主

力을 얻은것이오

二、研究力

研究力이라함은 千萬事理를 分析하는데 걸림없이 아는 智慧力을 얻은것이오

三、取捨力

取捨力이라함은 千萬事理를 應用할때 正義는 勇猛있게 取하고 不義는 勇猛있게 捨하는 實行力을 얻은것이니라

第九章 人生의要道와 工夫의要道關係

人生의要道는 工夫의要道가 아니면 사람이 能히 그길을 밟지못할것이오 工夫의要道는 人生의要道가 아니면 사람이 能히 그 工夫한效力을 다 發揮치못할지니 이에다시 한例를들어 그關係를 말한다면 工夫의要道는醫師가 患者를 治療하는醫術과같고 人生의要道는 患者를 治療하는藥材와 같나니라

第三編 修行

第一章 日常修行의要法

一、心地는 元來 擾亂함이 없것마는 境界를따라 있어지나니 그擾亂함을 없게하는것으로써 自性의定을세우자

二、心地는 元來 어리석음이 없것마는 境界를따라 있어지나니 그어리석음을 없게하는것으로써 自性의慧를 세우자

三、心地는 元來 긇음이 없것마는 境界를따라 있어지나니 그긇음을 없게하는 것으로써 自性의戒를 세우자

四、信과 忿과 疑와 誠으로써 不信과 貪慾과 懶와 愚를 除去하자

五、怨望生活을 感謝生活로 돌리자

六、他力生活을 自力生活로 돌리자

七、배울줄모르는사람을 잘 배우는사람으로 돌리자

八、가르칠줄모르는사람을 잘 가르치는사람으로 돌리자

九、公益心없는사람을 公益心있는사람으로 돌리자

第二章 工夫의要道定期訓練科目及解釋

念佛 坐禪 經典 講演 會話 疑頭 性理 定期日記 常時日記 注意 操行

一、精神修養定期訓練科目의解釋

念佛 坐禪

念佛이라함은 本會의指定한 呪文一句를連하여 부르게함이니 이는 千枝萬葉으로 헡어진 精神을 呪文一句에다 集注하여 千念萬念을 오직 一念으로 만들기爲함이오

坐禪이라함은 기운을 발우게하고 마음을 지키기爲하여 마음과氣運을 아랫배丹田(배꼽아래)에 住하고 한생각이라는 住着도 없이하여 오직 圓寂無別한 眞

境에 근처있도록함이니 이는 사람의 純然한 根本精神을 養成하는 方法이니라

二、事理研究定期訓練科目의解釋

經典 講演 會話 疑頭 性理 定期日記

經典이라함은 本會의 指定敎科書 及參考經을 이름이니 이것을 가르치는뜻은 工夫者로하여금 그 工夫하는 方向路를 알게함이오

講演이라함은 事理間에 어떠한問題를定하고 그意旨解釋시킴을 이름이니 이는 곧 工夫者로하여금 그知見을交換하며 慧頭를 鍛鍊하게하고 또는 大衆의앞에서하는 語法에 條理 綱領 聲音 言彩와 身體의姿勢까지도 練習시키기爲함이오

會話라함은 事理間에 어떠한問題를 定하지아니하고 各自의訓練받은 經典內에서나 法說內에서나 其外 보고듣는가운대에서 스스로 마음속에 感動된바를 自由로이 吐說케함이니 이는 곧 工夫者에게 拘束을 주지아니하고 活潑하게 意見을 交換하여 慧頭를 鍛鍊시키기爲함이니라

但、講演과 會話의大義를말하자면 사람의慧頭는 鍛鍊시킴에있나니 慧頭라하는것은 너무나 自由를주어도 거만하고 누구러저서 참다운밝음을 언지못하는것이오 너무나 拘束을주어도 눌리고 小拙하여저서 또한 참다운밝음을 언지못하는것이니 그러므로 講演의 一定한問題로는 그慧頭에 拘束을주어 鍛鍊시키며 會話로서는 그慧頭에 自由를주어 鍛鍊시켜 이拘束과自由 두새이에서 사람의慧頭로하여금 過不及이없이 眞正한慧光을 언도록함이니라

疑頭라함은 本會敎科書內 大小有無의理致와 是非利害의일이며 其他 一切人間事에 疑心나는題目을 이름이니 어떠한題目이든지 各自의硏究대로 그解決案을 提出하여 勘定을언게하는것으로써 이는 本會初等敎科書를맞이고 硏究의實地境을 밟는工夫者에게 事理間 明確한分析을 언도록함이오

性理라함은 宇宙萬有의本來理致와 過去佛祖의일으신 千萬話頭를 解決하여알자함이오

定期日記의內譯은 第四章 日記法中에 記載한바와같나니라

三、作業取捨定期訓練科目의解釋

常時日記 注意 操行

常時日記라함은 在家出家와 有識無識을勿論하고 當月의 有無念處理와 學習狀況과 戒文의 犯過有無를 調査記載시킴을이름이오

注意라함은 사람의六根을 動作할때에 하기로한일과 않아기로한일을 境遇에따라 잊어버리지아니하고 實行하는마음을이름이오

操行이라함은 사람으로서 사람다운 行實갖임을이름이니라

第三章 工夫의要道常時訓練科目及解釋

一、常時應用注意事項

一、應用하는데 穩全한생각으로 取捨하기를 注意할일

二、應用하기前에 應用의形勢를보아 미리 硏磨하기를 注意할일

三、노는時間이 있고보면 經典 規約 練習하기를 注意할일

四、經典 規約 練習하기를 다 맞인사람은 疑頭硏磨하기를 注意할일

五、夕飯을 먹은後에 家産에對한事務가 或 있으면 다 맞이고 잠자기前 남은時間이든지 靜夜淸晨이든지 精神을修養하기爲하여 念佛과 坐禪하기를 注意할일

六、모든事務를 處理한後에 그處理件을 생각하여보되 하자는條目과 말자는條目에 實行이되였는가 못되였는가 對照하기를 注意할일

二、敎務部에와서하는行事

一、常時應用注意事項을 지내나서 何時든지 敎務部에 오고보면 그事項에 經過한일을 一一히 問答하는데 注意할일

二、어떠한事項에 感覺된일이 있고보면 그感覺된事由를 謄書하여 敎務部에 許可얻기를 注意할일

三、어떠한事項에 對하여 特別히 疑心나는일이 있고보면 그疑心된事由를 謄書하여 敎務部에 解悟얻기를 注意할일

四、每年三冬이 되고보면 어떠한方面으로든지 費用金을 準備하여가지고 二個月이든지 三個月이든지 禪院에와서 專門的으로 工夫하기를 注意할일

五、每月例會日에는 아무리 急한事務가 있다하여도 前期하여 處決하여놓고 그날이되고보면 반듯이 敎務部에와서 工夫에對한일만 注意할일

六、敎務部를 단여갈때에는 어떠한感覺이되였는지 어떠한事項에 疑心없이 밝어젓는지 調査하여본後에 어느方面으로 利로움이 있는가 없는가 생각하여보기를 注意할일

三、常時應用注意事項六條의大意

이六條의要旨는 우에말한바와 같거니와 다시 그大意를 論한다면 이도 또한 工夫의要道三學을 分解하여 制定한것이니 五條는 精神修養을 進行시키는길이오 二條三條四條는 事理硏究를 進行시키는길이오 一條는 作業取捨를 進行시키는길이오 六條는 三學工夫 實行하고 않안것을 監察하는 길이니라

또 이六條를 動靜 두 새이로 나누어보면 三條四條五條는 靜할때工夫로서 動

할때工夫의 資料를 準備하는길이되고 一條二條六條는 動할때工夫로서 靜할때 工夫의資料를 準備하는길이되나니 서로서로 도음이되는길이며 一分一刻도 工夫를 놓지않게하는길이니라

四、常時應用注意事項과敎務部에와서하는行事와의關係

常時應用注意事項六條는 有無識男女老少善惡貴賤을 勿論하고 人間生活을 하여가면서도 一動一靜과 一分一刻을 虛費함이없이 工夫할수있는 빠른法으로서 常時로訓練하는 工夫의길이되고 敎務部에와서하는行事 六條는 注意事項六條의 길을 도아주고 알여주는길이되나니라

五、定期訓練法과常時訓練法의關係

또이제 定期訓練法과 常時訓練法의關係를 본다면 定期訓練은 靜할때工夫로서 修養硏究를 主體삼아 常時工夫의準備와 材料가되고 常時訓練은 動할때工夫로서 作業取捨를 主體삼아 定期工夫의準備와 材料가되나니 이도 또한 서로서로 도음이되여 在世出世의工夫者에게 工夫를떠나지않게 하는길이되나니라

第四章 日記法

一、常時日記의大要

在家出家와 有識無識을 勿論하고 當日의有無念處理와 學習狀況과 戒文의犯過有無를 反省하기爲하여 常時日記法을制定함

但、文字와 書式에 能치못한사람을 爲하여 別로 太調査法이有함

(記載法)

一、有念無念은 모든일을當하여 有念으로 處理한것과 無念으로 處理한番數를 調査記載하되 하자는條目과 말자는條目에 取捨하는 注意心을 가지고한것은 有念이라하고 이와反對로 하자는條目과 말자는條目에 取捨하는 注意心이없이한것은 無念이라함

但、처음에는 일이 잘되었든지 못되었든지 取捨하는 注意心을 놓고 않놓은것으로써 有念無念의番數를 計算하나 工夫가 좀 깊어가면 일이잘되고

못된것으로써 有念無念의番數를 計算함

二、學習欄中 修養과研究는 全部時間數로써 記載하되 念佛 坐禪 經典練磨 問目은 自己가 實行한時間數를 記載하고 講演會話는 自己가 直接 講演會話를 한것과 他人의講演會話를 들은時間까지 合하여 記載하며 聽法은 當時法師(法强降魔位以上은法師의說로認定하고 其下人의說敎는講演時間에記載함)의 說法들은 時間數를 記載하고 例會나 入禪에 參席이 有할時는 斜線을치고 參席이 無할時는 空을침이可함

三、戒文은 萬一 犯過가有할時는 該欄에 그犯한番數를 記載하고 犯過가 無할時는 斜線을침이可함

四、太調査는 모든일에 取捨하는 注意心이 있고없이한것을 黑太와白太로써 區分하되 하자는條目과 말자는條目에 取捨하는注意心을 갖이고한것은 白太요 이와反對로 하자는條目과 말자는條目에 取捨하는注意心이 없이한것은 黑太로함

但처음에는 取捨하는注意心을 놓고 않놓은것으로써 黑太와 白太를 區分하

나 工夫가 좀 깊어가면 일이잘되고 못된것으로써 黑太와 白太를 區分하며 또는 太調査를 하기로하면 먼저 주머니 두個를 만드러차되 한주머니는 미리 黑太와 白太를 많이넣어두고 또 한주머니는 비워두었다가 境界를當하여 取捨하는注意心이 있고없이한것을따라 黑白間에 한個式 빈주머니에 넣케함이可함

二、定期日記의大要

講院이나 禪院에서 訓練을받는 靑少年級에限하여 當日內作業한 時間數와 當日의收入支出과 心身作用의處理件과 感覺 感想을 記載시키기爲하여 定期日記法을 制定함

日記의內譯

一、時間數를 記載시키는뜻은 사람으로하여금 晝夜二十四時內에 價値있게보낸 時間과 虛妄하게보낸時間을 對照하여 虛送한時間이 있고보면 뒤ㅅ날은 그렇지않도록 注意를시켜서 一分一刻이라도 쓸데없이는時間을보내지 말자는것이

오

二、當日의收入支出을 記載시키는뜻은 그收支를對照하여 收入이많을時는 그生活이安全할것이오 支出이많을時는 그生活에 困難이닥쳐올것은 定한理致라 故로 사람으로하여금 收入이없으면 收入의方途를 準備하여 부즈런이 收入을 작만하도록하며 支出이많을時는 될수있는대로 支出을주려서 貧困을防止하고 安樂을 얻게함이며 또는 設使 財産이 있는者이라도 놀고먹는弊風을 없게함이오

三、心身作用의處理件을 記載시키는뜻은 사람의 罪와福은 다른데있는것이아니오 오직 사람스스로의 마음과몸으로 일을作用하는데 달렷는지라 故로 이 作用處理件을記載시켜서 當日內의是非를勘定하여 罪福의決算을알게하며 또는 是非利害를밝혀 千萬일을作用할때 取捨의權能을얻게함이오

四、感覺이나 或은 感想件을 記載시키는뜻은 그大小有無의眞理가 밝어지는程度를 對照하게함이오

五、이여러가지科目으로써 日記를할때에 習字와著述法이能하여지게함이니라

第五章 念佛法

一、念佛의原理

大凡 念佛이라하는것은 千萬가지로 헐어진精神을 一念으로 만들기爲함이오 또는順逆境界에 흔들리는마음을 安定시키는工夫이니 그念佛의文句를 解釋해본다면 南無阿彌陀佛은 여기말로는 無量壽覺에 도라가 依支한다는뜻인바(歸依無量壽覺) 在來 念佛家에서는 阿彌陀佛聖號를 念誦하므로써 그부처님의神力에 依支하여 西方淨土極樂에 나기를願하나 우리는 바로 自心彌陀를 發見하여 自性極樂에 도라가기를 目的하나니 自心彌陀라하는것은 우리의마음은 元來에 生滅이없으니 곧 無量壽라할것이오 그가운대에도 또한 昭々靈々하여 昧하지아니한바가있으니 곧覺이라하는것이며 自性極樂이라하는것은 우리의自性은 元來淸淨하여 罪福이頓空하고 苦惱가永滅하였나니 곧 如々하여 變함이없는 安樂國

土(토)이니라 그러므로 念佛(염불)하는사람이 먼저 이理致(리치)를알어서 生滅(생멸)이없는 各自(각자)의마음을 根本(근본)하고 去來(거래)가없는 한생각을 대종하여 千萬(천만)가지로 헐어지는 精神(정신)을 오직 彌陀一念(미타일념)에 근치며 順逆境界(순역경계)에 흔들리는마음을 無爲安樂(무위안락)의地境(지경)에 도라오게하는것이 곧 念佛(염불)의原理(원리)이니라

二、念佛(염불)의 方法(방법)

念佛(염불)의方法(방법)은 極(극)히簡單(간단)하여 누구든지可(가)히할수있나니

一、念佛(염불)을 할때에는 恒常坐勢(항상좌세)를 바르게하고 氣運(기운)을 安定(안정)하며 또는 몸을흔들거나 輕動(경동)하지말라

一、音聲(음성)은 너무 크게도말고 너무 적게도말어서 오직 氣運(기운)에適當(적당)케하라

一、精神(정신)을 오로지 念佛一聲(염불일성)에 集注(집주)하되 念佛句節(염불구절)을따라 그一念(일념)을챙겨서 一念(일념)과 音聲(음성)이 같이連續(연속)케하라

一、念佛(염불)을할때에는 千萬思念(천만사념)을 다 놓아버리고 오직 한가한心境(심경)과 無爲(무위)의思想(사상)을 갖일것이며 또는 마음가운대에 外佛(외불)을求(구)하여 彌陀色相(미타색상)을 想像(상상)하거나 極(극)

樂莊嚴을 그려내는等 다른생각은 하지말라

一、마음을 붓잡는데에는 念珠를세는것도 좋고 木鐸이나 북을처서 그韻曲을 마추는것도 또한 必要하니라

一、或 무슨일을할때나 其他 行住坐臥間에 다른雜念이 마음을 괴롭게하거든 念佛로써 그雜念을 對治함이좋으나 萬若念佛이 도리어 일하는精神에 統一이 되지못할時는 此를 中止함이可하니라

一、念佛은 恒常 各自의 心性元來를 返思하여 憤한일을當하여도 念佛로써 安心하고 貪心이이러나도 念佛로써安定시키고 順境에끌릴때에도 念佛로써 安定시키고 逆境에끌릴때에도 念佛로써 安定시길지니 念佛의眞理를 아는者는 念佛一聲이 能히 百千邪魔를 降服받을수있으며 또는 一念의대종이없이 다만口誦으로하면 別效果가 없을지나 無聲의暗誦이라도 一念의대종이 있고보면 곧三昧를證得하리라

三、念佛의 功德

念佛을 오래하면 自然히 念佛三昧(三昧를飜譯하면入定이라함)의 힘을얻어서能히 目的한바極樂을 受用할수있나니 그功德의條項은 아래에말한바 坐禪의功德과 서로같나니라

그러나 念佛과 坐禪이 한가지 修養科目으로써 서로表裏가되나니 工夫하는사람이 萬若 煩惱가過重한者는 먼저 念佛로써 그 散亂한精神을 對治하고 다음坐禪으로써 그圓寂의眞境에 들게하는것이며 또는 時間에있어서는 晝間이든지其他 外境이 가까운時間에는 念佛이 더 緊要하고 靜夜淸晨이든지 其他 外境이면 時間에는 坐禪이 더 緊要하나니 工夫하는사람이 恒常 當時의環境을 觀察하고 各自의心境을 對照하여 念佛과 坐禪을 때에맞게 잘 運用하면 그工夫가서로連續되여서 쉽게 큰定力을 얻게되리라

第六章 坐禪法

一、禪의原理

大凡禪이라하는것은 마음에있어 妄念을쉬고 眞性을낱아내는 工夫이며 몸에 있어 火氣를나리우고 水氣를오르게하는方法이니 妄念이쉬직 水氣가오르고 水氣가 오른직 妄念이쉬여서 몸과마음이 一如하며 精神과氣運이 爽快하리라

그러나 萬若 妄念이쉬지못한직 불ㅅ氣運이 恒常 우으로올라서 온몸의水氣를 태우고 精神의光明을덮을지니 어찌하여 그러하냐하면 사람의 몸運轉하는것이 마쳐 저 機械와같아여 水火의氣運이 아니고는 到底히 한손가락도 움직이지못할것인바 사람의六根機關이 모두 上部頭腦에 있으므로 볼때나 들을때나 생각할때에 그六根을 運轉해쓰면 全身의火氣가 自然히 頭腦로集中되여 滿身의水氣를 조리고 태우는것이 恰似저 燈불을키면 기름이닳는것과 같나니라

그런고로 우리가 惱心焦思를하여 무엇을 오래 생각한다든지 또는 眼力을써서 무엇을 細密히본다든지 또는 소리를 높여 무슨말을 힘써한다든지 이러하면 반듯이 얼굴이붉어지고 입속에 침(涎)이마르지않는가 이것이 곧火氣가 우으로 오르는形像이니 不得已 當然한일에 六根의機關을 運用하는것도 오히려可히 존

절히하려거든 하물며 쓸데없는 妄念을끄려 頭腦의등불을 晝夜로繼續하리오 그런고로 坐禪이라하는것은 이 모든妄念을 除去하고 眞如의本性을 낱아내며 一切의火氣를 나리우고 淸淨한水氣를 부려내는工夫이니라

二、坐禪의方法

坐禪의方法으로 말하면 極히 簡單하고 便易하여 아무라도 行할수있나니

一、坐服을펴고 盤坐로 편안히앉은後에 머리와 허리를 곧게하여 앉인姿勢를 발으게하라

一、全身의힘을 아래ㅅ배丹田에 투ㅣㄱ부리어 一念住着도없이 다만丹田에 氣運住해있는것만 대종잡으되 放心이되면 丹田의 그氣運이 풀려지나니 곧 다시 챙겨서 氣運住하기를 잊지말라

一、呼吸을 고르게하되 드려쉬는숨은 조금길고 强하게하며 내여쉬는숨은 조금 짧읍고 微하게하라

一、눈은恒常뜨는것이 睡魔를除去하는데 必要하나 神氣가 爽快하여 눈을감어

도 睡魔의 侵虜를 받을念慮가 없는때에는 或 감ㅅ고도 하여보라

一、입은恒常 다물찌며 工夫를 오래하여水昇火降이 잘되면 맑고 潤滑한침이 혀줄기와 齒牙사이로부터 繼續하여 나올지니 그침을 입에가득이모아 각금삼켜나리라

一、精神은 恒常 寂々한가운대 惺々함을 갖이고 惺々한가운대 寂々함을 갖일지니 萬若 昏沈에 기우러지거든 새로운 精神을 차리고 妄想에흐르거든 正念으로 도르켜서 無爲自然의 本來面目자리에 근처있으라

一、처음으로 坐禪을 하는者는 흔히 다리가앏으고 妄想이 侵虜하는데에 괴로워하나니 다리가앏으면 暫間 바꾸어놋는것도 可하며 妄念이 侵虜하면 다만 妄念인줄만 알어두면 妄念이 스스로 없어지나니 絶對로 거기에 성가시지 말며 落望하지말라

一、처음으로 坐禪을하면 얼골과몸이 개미(蟻)기여다니는것과같이 가려워지는수가 或있나니 이것은 血脈이 貫通되는 證據라 삼가히 긁고 만지지말라

一、坐禪을 하는가운대 絕對로 異常한기틀과 神奇한자취를 求하지말며 或그러한 境界가 낱아난다 할지라도 그것이 다 妖妄한일로 생각하여 조금도 心頭에 걸지말고 尋常히 看過하라

以上과같이 오래〳〵 繼續하면 畢竟 物我의區分을 잊고 時間과 處所를 잊고 오직 圓寂無別한 眞境에 근처서 無上한心樂을 누리게되리라

三、坐禪의 功德

坐禪을 오래하여 그 힘을얻고보면 아래와같은 열가지 有益이있나니

一、輕擧妄動하는 일이 次々 없어지는것

二、記憶力이 좋아지는것

三、忍耐力이 생겨나는것

四、病苦가 減少되는것

五、着心이 없어지는것

六、六根動作에 順序를 얻는것

七、얼굴이 潤滑하여지는것

八、邪心이 正心으로 變하는것

九、極樂受用을 하게되는것

十、生死에 自由를 얻는것이니라

四、丹田住의 必要

大凡 坐禪이라함은 마음을 一境에 住하여 一切思念을 除去함이 自古의 通例이니 그러므로 各々 그主張과 方便을 따라 或은 鼻端(코끝)에 或은 眉間(두눈섭사이)에 或은 頂上(이마우)에 或은 臍間(배꼽)에 或은 氣息(氣息에住하는法은調息과數息의두가지가있으니調息은下에說한바와같고數息은들고나는숨을하나로붙어열까지또하나로부터열까지를세여숨을세는데에마음을住하고앉았음을이름입)에 或은 佛想(마음가운데부처님의端嚴妙相을一心으로觀하고앉었음을이름입)에 或은 月輪(마음가운데두렷한달을觀하고앉었음을이름입)에 或은 阿字(阿字에諸法皆空의意味를붙처直經八寸의月輪中에八葉의蓮華를그리고그우에阿字를陷하고一心으로觀하고앉었음을이름입)에 或은 不淨(自身이나他身이元來에不淨함을觀하고앉었음을이름입)에 或은 話頭(趙州의狗子無佛性과萬法歸一等古祖의公案을觀하고안젓음을이름입)에 或은 默照(寂々惺々한眞如體를觀하고안젓음을이름입)에 或은 丹田(臍下의腹部를이름입)에 或은 制心(一切法이다마음의分別을따라있다하여마음이生한직곧除去하고生한직또除去하여마음에一法도取하지아니하고안젓음을이름입)에 或은 水想(마음가운대맑고푸른물을一心으로觀하고안젓음을이름입)等 이外에도 그住하는法이 實로 無量하나 마음을 頭部나 外境에 住한직 思念이 動하고 氣運이

올나安靜이 잘되지아니하고 마음을 丹田에住한직 思念이 잘動하지아니하고 氣運도잘나리게되여 安靜을 쉽게얻나니라

그러므로 白隱禪師(臨濟宗中興祖로四十餘人의法嗣와多量의著書가有함)의 「遠羅天釜」에曰

「나의 氣海丹田은 趙州無字며 本來面目이며 唯心의淨土며 自身의彌陀며 本分의家鄉이라」(趙州無字라는말은趙州의無字話頭法과丹田住法이둘이아니라는말이오本來面目이라는말은마음을丹田에住하여心行處가滅한직이자리가곧우리의本來面目자리라는말이오唯心의淨土라는말은마음을丹田에住하여邪心雜念이없은직이자리가곧極樂淨土라는말이오自身彌陀라는말은마음을丹田에住하여煩惱妄想이다한직이몸이곧阿彌陀佛이라는말이오本分의家鄉이라는말은마음을丹田에住하여思量分別이끊어진직이자리가곧우리의本來故鄉이라는말입)

하여 丹田住를 讚揚하였고 또 「夜船閑話」에曰

「正身端坐하여 타오르는 心火를 거두어 丹田에住한직 답々하든 가슴이 서늘하여지고 一點의 計較思量이 無하게되리니 이것이 眞觀이오 清淨觀이라」

하였으며 또 坐禪用心記(本書는瑩山紹瑾師의著로서曹洞宗聖典에編入되여있음)와 飜譯名義集에曰

「萬一 精神이 散乱한직 마음을 丹田에 住하라」

하였고 또 道元禪師下 「卍庵法語」에曰

「端正히앉어 숨을고르는것이(調息) 坐禪의 要術이니 調息의方法은 몸을坐定

한後(후)에 心氣(심기)를 氣海丹田(기해단전)에 養(양)함이라 이같이 오래繼續(계속)한직 元氣(원기)가 自然(자연) 充實(충실)하여 아래ㅅ배가 표주박이나 공(球)과같이 둥그러지나니라」

하였으며 이外(외)에 「禪門口訣(선문구결)과 「永平廣錄(영평광록)」等(등)에도 丹田住(단전주)를 많이 力說(역설)하였나니 이로써 볼지라도 이丹田住(단전주)가 坐禪上(좌선상) 가장要緊(요긴)한 法(법)임을 可(가)히 알지니라

또한 이丹田住(단전주)는 坐禪(좌선)에만 要緊(요긴)할뿐아니라 衛生上(위생상)으로도 極(극)히 要緊(요긴)한法(법)이니 마음을 丹田(단전)에 住(주)하고 玉池(옥지)(혓바닥밑)에서 나는물을 많이 생켜나린직 水火(수화)가 잘調和(조화)되여 몸에 病苦(병고)가 減少(감소)되고 얼굴이 潤滑(윤활)해지며 元氣(원기)가 充實(충실)해지고 心丹(심단)이되여 能(능)히 壽命(수명)을 安保(안보)하나니 그러므로 저「夜船閑話(야선한화)」에曰(왈)

「心地(심지)가 아랫배에 다북차있은직 血液循環(혈액순환)이 잘되고 모든機官(기관)의 機能(기능)이 旺盛(왕성)해지며 頭腦(두뇌)가 明晳(명석)하고 精神(정신)이 爽快(상쾌)하여 邪氣(사기)가 敢(감)히 侵入(침입)치못하는 健康體(건강체)가 된다」

하였고 또 「修習止觀坐禪法要(수습지관좌선법요)」에曰(왈)

「마음을 丹田(단전)에 住(주)하여 흩어지지 않도록 잘 守護(수호)한직 百病(백병)이 물러난다」

하였으며 또 「摩訶止觀」에曰

「丹田은 이 氣運바다로서 萬病을 다 녹여삼킨다」

하였고 또저 「卍庵法語」에曰

「精氣가 恒常 丹田에 다북차있은직 無爲堅固하여 不老長命한다」

하였으며 이外에 「圭峰修證義」와 「印度古典」中에도 또한 以上과같은 말을力說하였나니 此丹田住는 禪定上으로나 衛生上으로나 實로 一擧兩得하는法이니라

看話禪(話頭를들고坐禪함을이름임)을 主張하는側에서 或이 丹田住法을 들으면 곧 無記의 死禪에 빠진다하여 非難을 하기쉬우리라 그러나 看話禪은 사람을따라 臨時의 方便은 될지언정 一般的으로 시키기는 어려운일이니 万一 話頭만 오래繼續하면 氣運이 올라 病을얻기가 쉽고 또한 話頭에 根本的으로 疑心이 걸리지않는者는 禪에趣味를 잘 얻지못하나니라 그러므로 西天의 二十八祖師와 東土의 六代祖師와 靑原 南嶽의 諸禪師들도 다 話頭를 말슴치 아니하였나니 萬一 精神이 昏昏

해지는 거동이 있은직 곧 눈을뜨고 精神을차려 자리를 곳어 앉을것이니라 그러나 近來禪房과같이 時間마다 坐禪만힘쓰고 智慧를 밝히지아니한직 四肢가 게울러지고 마음이 沈默에빠저 善짓기를 즐거하지아니하고 大慈大悲心을 멀리떠나 世上에 無用之物이 되기쉬웁나니 이어찌 참道라하리오 그러므로 우리는 坐禪하는 時間과 硏究하는 時間을 各々定하고 禪을할때는 禪을하고 硏究를 할때는 硏究를하여 定과 慧를 雙全시키나니 이와같이 한직 空寂에 빠지지도 아니하고 分別에 떠러지지도 아니하여 能히 動靜없는 眞如性을 體得할수있나니라

또는 或丹田이라하는말이 本是 仙家의用語어늘 어찌하여 佛家에서 丹田住를 讚揚해 말하는가 하여 疑問을 갖일者가 없지아니하리라 丹田이라하는말이 本是仙家의 用語인것만은 事實이나 天台禪師의「修習止觀坐禪法要」에曰

「臍下一寸을 憂陀那라하며 여기말로는 丹田이라한다」

하였나니 이는 卽梵語中에도 丹田을 意味하는名詞가 있음을 證明하는바라 憂陀那는 本是 氣息을 意味하는 말인바 丹田은 곧 氣息의바다라하여 이와같이 譯

出한것이니라(優陀那를自說又는無明自說로譯하여十二部經의하나로解釋을하기도하나이는氣息의意味가궁굴어譯으로變하고다시譯의意味가궁굴어言語로까지變하여진것이나元來에氣息을여의고하는말이아니니라)모든傳記에 依한직 印度에서도 일즉부터

「生氣는 宇宙의中心이오 萬有의生命이라」

하여 生氣를 神格으로 崇拜하는 風習이 流行하였고 人智의 發達을따라 이生氣를 直接으로 단련시키는 調息法이 있었으며 佛家에서도 일즉부터 이 調息法이 禪定上 不動의 한法則이 되였나니 調息이라함은 卽 正身端坐하여 마음과 氣運을 下腹部에 住하고 下腹部로불어 들고나는숨이 있는것도같고 없는것도같이 觀하고 앉었음을 이름이라 이 調息法은 仙家의 煉丹法과 조금도 差異가없나니 그러므로 저 卍庵法語에曰

「內觀養生의秘訣(靜夜淸晨에端正히안저마음과氣運을下丹田에住하고水火를運轉시키는것을이름임)과 仙家煉丹의妙術이 다 佛家의調息法을 根本한것이라」

하였나니 이로써볼진댄 우리佛家에 일즉부터 丹田住法이 있었음을 可히알지니라

第七章 無時禪法

一、無時禪의 解義

大凡 禪이라함은 元來에 分別住着이 없는 各自의性品자리를 悟得하여 마음의自由를 얻게하는工夫인바 自古로 道에뜻을둔者 한사람도 禪을 닦지아니한일이없나니라

사람이 萬一 참다운禪을 닦고저할진댄 먼저 마땅히 眞空으로 體를삼ㅅ고 妙有로 用을삼어 밖으로 千萬境界를 對하되 不動함은 泰山과같이하고 안으로 마음을지키되 淸淨함은 虛空과같이하여 動하여도 動하는바가없고 靜하여도 靜하는바가없이 그마음을 作用하라 이같이한직 모든分別이 恒常 定을여의지아니하여 六根을 作用하는바가 다 空寂靈知의 自性에 符合이 될것이니 이것이 이른바 大乘禪이오 定과 慧를 雙修하는法이니라

그러므로 經에이르사대

「應하여도 住한바없이 그마음을 내라」

하시고 또 普照國師께서 이르사대

「眞心의用을 施함이 境界에끌려 나지아니하나 다만 妙用으로 遊戱하여 因果에 어둡지 아니하다(妙用이라함은모든일을할때境界에끌리지아니하고오직바른마음作用함을이름이오遊戱라함은道人들이비록六根을熾然히作用하되마음은恒常便安하고한가하여日常生活이마치놀기와같이수월하다는말을表示함이오因果에어둡지않다는말은道人들의마음이恒常自性의定을여의지아니하되일을對한즉一一히惡을끈고善을行함이分明함을이름이니라)

하였으며 또 이르사대

「毫釐도 分別이 없으되 因緣을 만난직 어둡지 아니하며 한생각도 取하고 捨함이없으되 物件을 對한직 다 應用한다」

하였고 또 「肇論」에 이르사대

「聖人은 有에處하되 있지도 아니하고 無에居하되 없지도아니하여 有無를取하지도 아니하고 捨하지도 않는다」

하였으며 또 「血脈論」에 이르사대

「聖人은 種々의分別이 다 性品을 여어지아니하여 一切時中에 言語道가 끊어지고 心行處가 滅한다」

하엿고 또 六祖大師께서 이르사대

「六識이 六塵中에 出入하되 물들지도아니하고 섞기지도 아니하여 來去를自由로 하는것이 般若三昧라」

하엿나니 一言으로써 말할진댄 이는다 千萬境界中에서 動치않는行을 닦는大法이라 이法이 甚히 어려운것같으나 닦는法만 仔詳히 알고보면 괭이를든 農夫도 禪을할수있고 마치를든 工匠이도 禪을할수있으며 算板을든 店員도禪을할수있고 政事를잡은 官吏도 禪을할수있으며 來往하면서도 禪을할수있고 집에서도 禪을할수있나니 어찌 苟且히 處所를 擇하며 動靜을 말하리오

그러나 처음으로 禪을닦는者는 마음이마음대로 잘되지아니하여 마치 저소(牛) 길드리기와 恰似하나니 暫間이라도 마음의고삐를 놓고보면 곧 道心을 傷하게되나니라 그러므로 아무리 欲心나는 境界를 對할지라도 굳까지 싸우는 精神을 놓지아니하고 힘써 行한직 마음이 次々調熟되여 마음을 마음대로하는 地

境에 이르나니 境界를 對할때마다 工夫할때가 도라온것을 念頭에 잊지말고 恒常끌리고 않끌리는 대종만 잡어갈지니라 그리하여 마음을 마음대로하는 件數가 次々 늘어가는 擧動이 있은직 時々로 平素에 甚히 좋아하고 싫어하는 境界에 놓아말겨보되 萬一 마음이 如前히 動하면 이는 道心이 未熟한것이오 動치아니하면 이는 道心이 익어가는 證據인줄로 알라 그러나 마음이 動치아니한다하여 卽時에 放心은 하지말라 이는 心力을써서 動치아니한것이오 自然히 動치않는것이 아니니 놓아도 動치아니하여사 질이 잘든것이니라

사람이 萬一 오래오래 禪을繼續하여 모든煩惱를 끊고 마음의 自由를 얻은직 鐵柱의 中心이되고 石壁의 外面이되여 富貴榮華도 能히 그마음을 달래여 가지 못하고 武器와 權勢로도 能히 그마음을 굽히지못하며 一切法을 行하되 걸리고 막히는 바가없고 塵世에 處하되 恒常 百千三昧를 얻을찌라 이地境에 이른직 盡大地가 一眞法界로 化하여 是非善惡과 染淨諸法이 다 醍醐(醍醐라함은牛乳로써精製한五味中最上味이니卽善惡이俱空한自性極樂의妙味를表示하는말임)의 一味를 이루리니 이것이 이른바 不二門이라 生死自由와 輪廻解脫과

淨土極樂이 다 이門으로 좇아 나오나니라

近來에 禪을닦는 무리가 禪을 大端히어렵게 생각하여 妻子가 있어도 못할것이오 職業을 갖이도 못할것이라 하여 山中에 드러가 조용히 앉어야만 할수있다는 主見을 갖인者가 많나니 이것은 諸法不二의 大法을 몰으는緣故이라 萬一 앉어야만 禪을 하는것일진댄 서는때는 禪을 못하게 될것이니 앉어서만하고 서지못하는것은 病든禪이라 어찌 衆生을 건지는 大法이 되리오 不啻라 性品의自體가 한갓空寂에만 근친것이 아니니 萬一 無情物과같은 禪을 닦을진댄 이것은 性品을 단련하는 禪工夫가아니오 無用한病身을 만드는 일이니라 그러므로 六祖大師께서 이르사대

「木石과같은 不動行을 닦지말고 動하는가운대 不動行을 닦으라」

하시고 또 龐居士께서 이르사대

「다만 境界에 끌리지않기를 願할지언정 境界를 없에려고 하지는말라」

하였으며 또 永嘉禪師께서 이르사대

「가도 禪이오 앉어도 禪이라 語默動靜에 體가宛然하다」하였나니 이는 다 어디서든지 禪하는法을 밝히심이라 시끄러운데 處해도 마음이 擾亂치 아니하고 慾心境界를 對하여도 마음이動치 아니하여사 이것이 참禪이오 참定이니 다시 이 無時禪의 綱領을 들어말하면 아래와 같나니라

六根이 無事하면 雜念을 除去하고 一心을 養成하며

六根이 有事하면 不義를 除去하고 正義를 養成하라

第八章 戒 文

一、普通級十戒文

一、緣故없이 殺生을 말며

二、盜賊질을 말며

三、姦淫을 말며

四、술을 마시지 말며

五、雜技를 말며

六、惡한말을 말며

七、緣故없이 爭鬪를 말며

八、公金을 犯하여 쓰지 말며

九、緣故없이 心交間 金錢을 與授하지 말며

十、담배를 먹지 말라

但、第四條 第十條는特別히緣故가有할時에는此限에不在함

二、特信級十戒文

一、公衆事를 單獨히 處理하지 말며

二、다른사람의 過失을 말하지 말며

三、金銀寶貝求하는대에 精神을 빼앗기지 말며

四、衣服을 빛나게 꾸미지 말며

五、正當치못한벗을 좇아놀지 말며

六、뭇사람이 아울러 말하지 말며

七、信用(신용)없지 말며

八、비단같이 꾸미는말을 하지 말며

九、緣故(연고)없이 때아닌때 잠자지 말며

十、禮(례)아닌 노래부르고 춤추는자리에 좇아놀지 말라

三、法魔相戰級十戒文(법마상전급십계문)

一、我慢心(아만심)을 내지 말며

二、두안해를 거나리지 말며

三、緣故(연고)없이 四肉(사육)을 먹지 말며

四、懶怠(라태)하지 말며

五、한입으로 두말하지 말며

六、妄佞(망녕)된말을 하지 말며

七、猜忌心(시기심)을 내지 말며

八、貪心을 내지 말며

九、嗔心을 내지 말며

十、痴心을 내지 말라

第九章 率性要論

一、사람만 믿지말고 그法을 믿을일

二、열사람의法을 應하여 第一 좋은法으로 믿을일

三、四生中 사람이 된 以上에는 배우기를 좋아할일

四、知識있는사람이 知識이 있다하므로써 그배움을 놓지말일

五、酒色浪遊하지말고 그時間에 眞理를 研究할일

六、한편에 着하지 아나할일

七、모든事物을 接應할때에 恭敬心을 놓지말고 貪한慾心이 나거든 獅子와같이 무서워할일

八、日々時々로 自己가 自己를 가르칠일

九、무슨일이든지 잘못된일이 있고보면 남을 怨望하지말고 自己를 살필일

十、다른사람의 그릇된일을 見聞하여 自己의 그름은 깨칠지언정 그그름을 드러내지말일

十一、다른사람의 잘된일을 見聞하여 世上에다 布揚하며 그잘된일을 잊어버리지말일

十二、正當한일이거든 내일을 생각하여 남의勢情을 알가로 할일

十三、正當한일이거든 아무리 하기싫어도 죽기로써 할일

十四、不當한일이거든 아무리 하고싶어도 죽기로써 아니할일

十五、다른사람의 願없는데에는 무슨일이든지 勸하지말고 自己할일만 할일

十六、어떠한 願을發하여 그願을 이루고저 하거든 보고듣는대로 願하는데에 對照하여 硏磨할일

第十章 最初法語

一、修身의要法

一、時代를 따라 學業에 從事하여 모든學問을 準備할것이오

二、精神에 修養力이 能하여야 分數지키는데 安定을 얻을것이며 喜怒哀樂의境遇를 當하여도 正義를 잃지 아니할것이오

三、일과理致에 硏究力이 能하여야 虛僞와 事實을 分析하여 是非와 利害에 判斷함이 빠를것이오

四、應用할때 取捨하는 注意心을 놓지아니하고 知行을 같이할것이니라

二、齊家의要法

一、實業과 衣食住를 完全히하고 每日 收入支出을 對照하여 勤儉貯蓄하기를主張할것이오

二、戶主된者가 見聞과 學業을 잊어버리지 아니하며 子女의 敎育을 잊어버리지아니하며 上奉下率의 責任을 잊어버리지 아니할것이오

三、家眷이 서로和睦하며 意見交換하기를 主張할것이오

四、內面으로 心理밝혀주는 道德의師友가있으며 外面으로 規則밝혀주는 政治에服從이 있어야 할것이오

五、過去와 現在의 모든家庭이 어떠한希望과 어떠한機關으로 安樂한家庭이 되었으며 失敗한家庭이 되었는가 參照하기를 注意할것이니라

三、强者弱者의進化上要法

一、强弱의大旨를 들어말하면 某事를 勿論하고 이가는것은强이오 지는것은弱이라 强者는 弱者로因하여 强의目的을 達하고 弱者는 强者로因하여 强을얻는故로 서로依支하고 서로바탕하여 親不親이 있나니라

二、强者는 弱者에게 對하여 强을 베푸를때에 自利々他에 근치며 弱者를 强者로 進化시키는것이 永遠한 强者가 될것이오 弱者는 强者로써 先導者를 삼ㅅ고 어떠한 千辛萬苦가 있다하여도 弱者의 자리에서 强者의 자리에 이르기까지 進步하여가는것이 다시없는 强者가 될것이다 强者가 强者노릇을 할때에 어찌하면 이强이 永遠한强이되고 어찌하면 强이變하여 弱이되는것인지 생각

없이 다만 自利他害에만 근치고보면 強者로서 弱者가될것이오 弱者는 強者되기前에 어찌하면 弱者가變하여 強者되고 어찌하면 強者가變하여 弱者되는것인지 생각없이 다만 強者를 對抗하기로만 하고 弱者가 強者되는 理致를 찾지못하는것이 永遠한弱者가 될것이니라

四、指導人으로서準備할要法

一、指導를 받는者의 以上智識을 갖일일

二、指導를 받는者에게 信用을 잃지말일

三、指導를 받는者에게 私利를 取하지말일

四、일을 當할때마다 知行을 對照할일

第十一章 懺悔文 (附偈)

陰陽相勝의 道를따라 善行者는 後日에 相生의果報를 받고 惡行者는 後日에 相克의果報를 받는것이 毫釐도 틀림이없으되 永遠히 懺悔改過하는者는 能히

相生相克의業力을 벗어나서 罪福을 自由로 할수있나니 그러므로 諸佛祖師가
異口同音으로 懺悔門을 열어 놓셧나니라
大凡 懺悔라하는것은 옛生活을 버리고 새生活을 開拓하는初步이며 惡道를놓
고 善道에 들어오는初門이라 사람이 萬一 過去의잘못을 懺悔하여 날로 善道를
行한직 舊業은 날로사라지고 新業은 다시짓지아니하여 善道는 漸々가까워지고
惡道는 스스로멀어지나니라 그러므로「法苑」에 이르사대
「懺悔를 誠心으로한직 重한業은 輕해지고 輕한業은 消滅되나니라」
하였고 또「圓覺經」에이르사대
「鈍根衆生이 佛道를 이루고저하나 成就함을 얻지못할진댄 恒常 부즈런히 懺
悔하라 万一 모든業障을 消滅하면 부처님의 境界가 앞에 날아나나니라」
하였으며 또「未曾有經」에이르사대
「前心作惡은 구름이 해를 갈인것과 같고 後心起善은 밝은불이 어둠을 破함
과 같나니라」

하였고 또 「大集經」에 이르사대

百年이나 때묻은옷이라도 一日에 洗濯하여 能히 淸淨케함과같이 百千劫에 싸이고싸인 모든不善業도 佛法力으로 잘닦히고보면 一日一時에 能히 消滅되나니라

하였으며 또 「心地觀經」에 이르사대

「懺悔는 能히 煩惱薪을 태우며 懺悔는 能히 天路에 往行케하며 懺悔는 能히 四禪樂을얻게하며 懺悔는 能히 如意寶珠를 내려주며 懺悔는 能히 金剛壽를 延하게하며 懺悔는 能히 常樂宮에 들게하며 懺悔는 能히 三界獄에 出케하며 懺悔는 能히 菩提花를 피게하며 懺悔는 能히 寶所(寶所는 끝모든寶物이많이싸혀있는곳을이름이니 왼갖智慧와福德이 本是具足한自性과佛法僧三寶를갖운修道場을일음임)에 이르게하며 懺悔는 能히佛의大圓覺을 得케하나니라」

하였나니 이로써 볼진댄 懺悔의功德이 重하고 큼을 可히알지로다 罪는 本來 마음으로 좇아 이러난것이라 반듯이 마음이 滅함을 따라 없어질것이며 業은 本來無明인지라 반듯이 自性의慧光을 따라 없어지나니 罪苦에 呻吟하는者들이

여 어찌 이門에 들지아니하리오
그러나 罪業의 根本은 貪嗔痴라 아무리 懺悔를한다 할지라도 後日에 또다시 惡을 犯하고보면 罪도 또한 滅할날이 없으며 또는 惡道에 떠러질 重罪를 지은 者가 一時的 懺悔로써 若干의福을 짓는다 할지라도 元來의貪嗔痴를 그대로 두고보면 福은 福대로받고 罪는 罪대로남어있게 되나니 譬컨댄 가마솥가운대 끌는물을 冷하게 만들고저 하는者가 우에다가 한두桶의 冷水만 갖다붓고 밑에서 타는불을 그대로둔직 불의힘은 强하고 冷水의힘은 弱하여 何時든지 그물이 冷해지지 아니함과 같나니라 世上에 前過를 뉘우치는者는 많으되 後過를 犯치않는者는 적으며 一時的 懺悔心으로써 한두가지의福을 짓는者는 있으되 心中의貪嗔痴는 그대로 두나니 어찌 罪業이 淸淨하기를 바라리오
懺悔의方法은 自來로 二種이有하니 一은 事懺이오 二는 理懺이라 事懺이라 함은 誠心으로써 三寶前에 罪過를 뉘우치며 날로 모든善을 行함을 이름이오 理懺이라함은 元來에 罪性이 空한자리를 깨처 안으로 모든 煩惱妄想을 除去해

감을 이름이니 사람이 萬一 永遠히 罪惡을 벗어나고저 할진댄 마땅히 此를 雙修하여 밖으로 모든善業을 繼續修行하는同時에 안으로 自身의貪瞋痴를 除去할찌니라 이같이한직 저 가마솥가운대 끌는물을 冷하게 만들고저 하는者가 우에다가 冷水도 많이붓고 밑에서 타는불도 꺼버림과같어 아무리 百千劫에 싸이고싸인 罪業일지라도 곧 淸淨해지나니라 또는 工夫者가 萬一 誠心으로 懺悔修道하여 寂々惺々한 自性佛을 깨처 마음의自由를 얻고보면 天業을 任意로하고 生死를 自由로하여 取할것도없고 捨할것도없고 미워할것도없고 사랑할것도없어서 三界六道가 平等一味요 動靜逆順이 無非三昧라 이러한者는 千萬罪苦가 더운물에 어름녹듯하며 苦도 苦가아니요 罪도 罪가아니며 恒常 自性의 慧光이 發하여 盡大地가 是道場이오 盡大地가 是淨土라 內外中間에 一毛의罪相도 찾어볼수없나니 이것이 이른바 佛祖의 懺悔요 大乘의 懺悔라 이地境에 이르러야 可히 罪業을 畢하였다 하리라

近來에 自稱道人의무리가 徃々히 出現하여 함부로 입을열어

「飮酒食肉이 無妨般若요 行盜行淫이 不害菩提라」하여 戒律과 因果를 重히 알지아니하고 날로 自行自止를 行하면서 自云無碍行이라 하여 佛門을 더럽이는일이 없지아니하나니 이것은 自性의 分別없는줄만 알고 分別있는줄은 모르는緣故이라 어찌 有無超越의 참道를 알었다하리오 또는 見性만으로써 工夫를 다한줄로알고 見性後에는 懺悔도 所用이없고 修行도 所用이없이 생각하는者가 많으나 비록 見性을 하였다 할지라도 千萬煩惱와 모든着心이 同時에 消滅되는것이 아니오 또는 三大力을얻어 成佛을하였다 할지라도 定業은 能히 免치못하는것이니 마땅히 이點에 注意하여 邪見에 빠지지말며 佛祖의말씀을 誤解하여 罪業을 輕하게 알지말지니라

附 懺悔偈

事懺悔

我昔所造諸惡業　從身口意之所生

皆由無始貪嗔痴　一切我今皆懺悔

理懺悔

罪無自性從心起 ─ 罪亡心滅兩俱空
心若滅時罪亦亡 是卽名謂眞懺悔

第十二章 苦樂에 對한 法門

一、苦樂의 說明

大凡 사람이 世上에나면 좋아하는것과 싫어하는것 두가지 種類가 있으니 하나는가로대 괴로운苦요 둘은가로대 즐거운樂이라 苦의原因을 생각하여보면 偶然한苦도있고 사람이 지어서 받는苦도있고 樂의原因을 생각하여보아도 偶然히 받는樂도있고 사람이 지어서 받는樂도있으니 괴로운苦로말하면 사람사람이 다 싫어하고 즐거운樂으로말하면 사람사람이 다 좋아하되 苦樂의原因을 생각하여 보는사람은 적은지라 이苦가 永遠한苦가 될는지 苦가變하여 樂이될는지 樂이라도 永遠한樂이 될는지 樂이變하여 苦가될는지 우리는 이 正當한苦樂과 不正

當한苦樂을 자상히 알어가지고 正當한苦樂으로 無窮한歲月을 한갈같이 지내며 不正當한苦樂은 永遠히 오지아니하도록 行住坐臥語默動靜間에 應用하는데 穩全한생각으로 取捨하기를 注意할것이니라

二、樂을버리고苦로드러가는原因

一、苦樂의根源을 알지못함이오

二、假令 안다하여도 實行이 없는緣故이오

三、보는대로 듯는대로 생각나는대로 自行自止로 肉身과 精神을 아무 豫算없이 養成하여 鐵石같이 굳은 緣故이오

四、肉身과 精神을 法으로 질박어서 못쓸習慣은 除去하고 正當한法으로 단련하여 氣質變化가 分明히 되기까지 工夫를 完全히 아니한緣故이오

五、應用하는가운대 受苦없이 速히 하고저 함이니라

第十三章 病든家庭과그治療法

사람도 病이들어 낫지못하면 不具者가되든지 或은 廢人이 되든지 或은 죽기까지도 하는것이며 어떠한 機械라도 病이나서 고치지못하면 完全한機械가되지못하는것이며 或은 廢物도되는것이며 或은 아조 없어지기까지 되는것과같이한家庭도 病이들엇는대 그 戶主가 病든줄을 알지못한다든지 設使 안다하여도治療의誠意가 없다든지하여 그時日이 오래되고보면 그家庭이 좋은家庭이 되지못할것이며 或은 腐敗한家庭이 될수도 있을것이며 或은 破滅의家庭이 될수도있나니 그家庭이 病들어가는 證據를 大綱 들어말하자면 家眷이서로 自己잘못은 알지못하고 다른사람이 잘못하는것만 많이 드러내는것이며 또는 不正當한依賴生活을 하려는것이며 또는 指導받을자리에서 正當한 指導를 잘 받지 아니한것이며 또는 指導를 할자리에서 正當한 指導로써 敎化할줄을 몰으는것이며또는 착한사람은 讚成하고 惡한사람은 불상이여이며 利로운것은 저사람에게주고 害로운것은 내가갖이며 便安한것은 저사람을주고 괴로운것은 내가갖이게되는 公益心이 없는緣故이니 이病을 治療하기로 하면 自己의 잘못을 恒常調査할

것이며 不正當(부정당)한 依賴生活(의뢰생활)을 하지말것이며 指導(지도)받을자리에서 그 正當(정당)한 指導(지도)를 잘받을것이며 指導(지도)할자리에서 正當(정당)한 指導(지도)로써 敎化(교화)를 잘할것이며 自利主義(자리주의)를 놓아버리고 利他主義(리타주의)로 드러가면 그 治療(치료)가 잘될것이며 따라서 그病(병)이 完快(완쾌)되는同時(동시)에 模範的家庭(모범적가정)이 될것이니라

第十四章(제십사장) 靈肉雙全法(령육쌍전법)

在來(재래)에는 宗敎人(종교인)으로서 世慾(세욕)이 있고보면 修道人(수도인)이 아니라 하므로 宗敎家(종교가)에서 職業(직업)없이 놀고먹는 弊風(폐풍)이 熾盛(치성)하여 個人(개인) 家庭(가정) 社會(사회) 國家(국가)에對(대)한 害毒(해독)이 많이 밎어왔으나 이제로부터는 묵은世上(세상)을 재世上(세상)으로 建設(건설)하게되므로 재世上宗敎人(세상종교인)으로서는 그眞理(진리)와 修行(수행)으로써 衣食住(의식주)를 求(구)하고 衣食住(의식주)와 修行(수행)으로써 그眞理(진리)를 얻게되였나니 우리는 諸佛祖師正傳(제불조사정전)의心印(심인) 卽(즉) 法身佛一圓相(법신불일원상)의 眞理(진리)와 戒定慧三學(계정혜삼학)으로써 衣食住(의식주)를 求(구)하고 衣食住(의식주)와 戒定慧三學(계정혜삼학)으로써 그眞理(진리)를 얻는것이 곧 靈肉雙全(령육쌍전)이 되는同時(동시)에 따라서 個人(개인) 家庭(가정) 社會(사회) 國家(국가)에 도음이 될것이

며 修道와 生活이 둘이아닌 산宗敎가 될것이니라

第十五章 法位等級과그解義

一、普通級

一、有無識 男女老少 善惡貴賤을 勿論하고 처음으로 佛門에 歸依하여 普通級十戒를 受한者

二、特信級

一、普通級十戒를 一一히 實行하고 豫備特信級에 昇級하여 特信級十戒를 받어 지키는者

二、本會의 敎理와 規約을 大綱 理解하는者

三、모든 事業이나 생각이나 信仰이나 精誠이 다른世上에 흐르지 아니한者

三、法魔相戰級

一、普通級十戒와 特信級十戒를 一一히 實行하고 豫備法魔相戰級에 昇級하여

法魔相戰級十戒를 받어지키는者

二、法과 魔를 一一히 分析하며 本會의 規約과 教科書解釋에 過히錯誤가 없는者

三、千萬境界中에서 모든境界를 當하는대로 邪心을 除去하는데 자미를 부치며 또는 無關事에 動치 않는者

四、法魔相戰의뜻을 알어 法魔相戰을하되 人生의要道와 工夫의要道에 大忌事는아니하고 細密한 일이라도 半數以上 法의勝을 얻은者

但、老昏者와 文字를 解得치못한者에 限하여는 文字에 關한試驗은 보이지 아니함

四、法強降魔位

一、普通級十戒와 特信級十戒와 法魔相戰級十戒를 一一히 實行하고 豫備法強降魔位에 昇級한者

二、六根을 應用하여 法魔相戰을하되 法이百戰百勝하는者

三、教科書의뜻을 一一히 解釋하고 大小有無의理致에 걸림이 없는者

四、生老病死에 解脫을 얻은者

五、出家位

一、法強降魔位昇級條項을 一一히 實行하고 豫備出家位에 昇級한者

二、大小有無의理致를따라 人間是非利害를 建設하는者

三、現在 모든宗敎의 敎理를 精通한者

四、遠近親疎와 自他의局限을 벗어나서 一切生靈을 爲하여 千辛萬苦와 陷之死地를 當하여도 餘恨이 없는者

六、大覺如來位

一、出家位昇級條項을 一一히 實行하고 豫備大覺如來位에 昇級한者

二、大慈大悲로써 一切生靈을 濟度하되 萬能이 兼備한者

三、千萬方便으로 隨機應變하여 敎化하되 大義에 어그침이없고 敎化받는者로서 그方便을 알지못하게하는者

四、動하여도 分別에 着이없고 靜하여도 分別이 節度에 맞인者

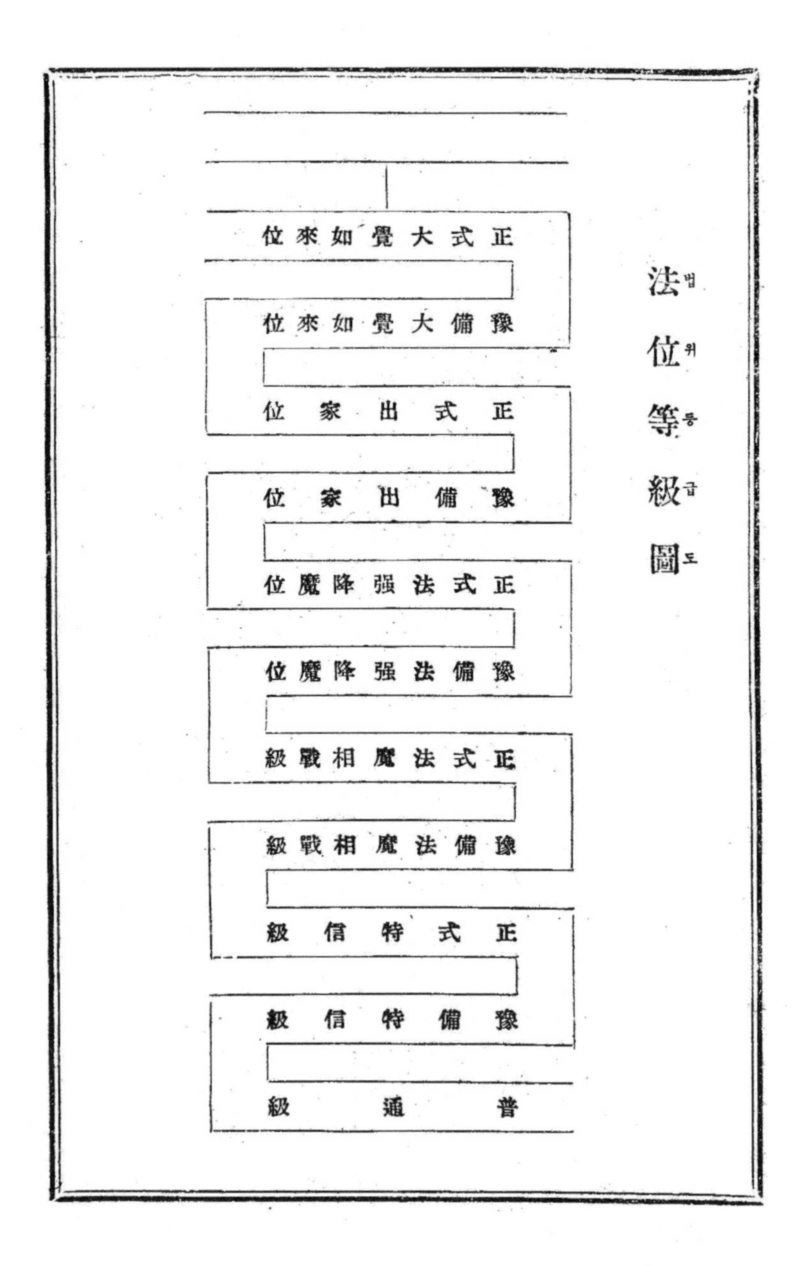

法位等級圖 (법위등급도)
正式大覺如來位
豫備大覺如來位
正式出家位
豫備出家位
正式法强降魔位
豫備法强降魔位
正式法魔相戰級
豫備法魔相戰級
正式特信級
豫備特信級
普通級

附錄
부록 2

영인본 『불교정전』 권3

제4편 의두요목

卷二

第四編 疑頭要目

一、世尊이未離兜率에已降王宮하시고未出母胎에度人已畢하셧다

二、世尊이悟道하시고嘆曰奇哉라一切衆生이皆有如來智慧德相이엇마는迷而不返이라하시다

三、世尊이一日에見文殊菩薩이在門外立하시고乃云文殊文殊야不入門來오文殊曰世尊하我不見一法도在門外어늘何以敎我入門이니잇고

四、世尊이因黑氏梵志以左右手로擎合歡梧桐華兩株하야來供養하사佛云하사대放下着하라梵志遂放下左手一株花어늘佛이又云하사대放下着하라梵志又放下右手一株花어늘佛이又云하사대放下着하라梵志云世尊하我今空身住어늘更敎放下箇什麽이꼬佛이云하사대吾非敎汝로放捨其花니汝若放捨外六塵內六根六識中하야一時捨却하고以至無可捨處면便是汝免生死處니라梵志於言下에大悟하다

五、世尊이因外道問不問有言하고不問無言하사世尊이良久하시니外道贊嘆云世尊이大慈大悲로開我迷雲하사令我得入이라하고乃具禮而去어늘阿難이尋問佛호대外道有何所證하야贊嘆而去이니꼬世

尊이 云하사대 如世良馬見鞭影而行이니라

六、七賢女遊屍多林할새 帝釋이 感其道行하야 散花云唯願聖姉야 有何所須니고 我當終身供給하리라 女云我無所要오 唯要三般物호니 一은 無根樹一株요 二는 無陰陽地一片이요 三은 叫不響山谷一所로라 帝釋이 云一切所須는 我悉具有로대 此三般物은 我實無得이로다 女云汝若無此인댄 爭解濟人이리오 帝釋이 遂同往白佛한대 佛言하사대 我諸弟子에 大阿羅漢도 皆不解此義오 唯大菩薩이라야 乃解此義니라

七、世尊이 臨入涅槃하사 告大衆云하사대 始從鹿野苑으로 終至跋提河히 於是中間에 未曾說一字로라

八、世尊이 在靈山會上하사 拈花示衆하시니 衆皆默然이나 唯迦葉尊者破顏微笑어늘 世尊이 云하사대 吾有正法眼藏을 付囑摩訶迦葉하노라

九、舍利弗尊者於樹下에 方入禪定이러니 維摩居士過而問曰今何爲오 曰方入禪定이니다 居士曰入禪時에 以有心으로 入乎아 以無心으로 入乎아 若有心인댄 一切有情이 皆爲入禪이오 若以無心인댄 一切無情이 皆爲入禪하리니 且道하라 如何入禪고 舍利弗이 不能對하다

一〇、阿難尊者問迦葉尊者호대 世尊이 傳金襴袈裟外에 別傳何物이니고 葉이 喚云阿難하시니 應諾

이어늘 葉이 云倒却門前刹竿著하라

一一、梁武帝問達磨尊者호대 朕이 卽位以來로 造佛造塔하고 供養僧尼하야 廣興佛事甚多하니 其功德이 何如이니잇고 磨云小無功德이니이다

一二、梁武帝問達磨尊者호대 如何是聖諦第一義이니잇고 磨云廓然無聖이니이다 帝云對朕者誰오 磨云不識이니다 帝不契하더라

一三、達磨面壁에 二祖(慧可)立雪斷臂云諸佛法印을 可得聞否이까 曰諸佛法印은 非從人得이니라 曰我心未寧하오니 乞師與安心하소서 曰將心來하라 與汝安호리라 曰覓心호대 了不可得이로소이다 曰與汝安心竟호라

一四、四祖(道信)以沙彌로 禮三祖(僧璨)曰願和尙은 垂大慈하사 乞與解脫法門하소서 曰誰縛汝오 曰無人縛이로소이다 曰何爲更求解脫乎아 四祖於言下에 大悟하다

一五、六祖(慧能)以行者로 叅五祖(弘忍)한대 五祖問曰汝自何來오 曰嶺南이니이다 曰欲求何事오 曰唯求作佛이니이다 曰嶺南人이 豈能作佛가 曰人有南北이언정 佛性이 豈然이리까 五祖心默異之하다

一六、五祖一日에 命大衆하사 各依所證하야 將一偈來하라하시니 時에 神秀上座呈偈云身是菩提樹요

心如明鏡臺로다 時時勤拂拭하야 不使惹塵埃하니라 五祖曰未入門이라하시다 慧能이 聞偈頌하고 亦呈一偈하니 曰菩提도 本無樹요 明鏡도 亦非臺로다 本來無一物커늘 何處에 惹塵埃오 五祖見之하시고 遂默認하사 其後夜에 傳六祖位하다

一七、道明이 追六祖라가 見衣鉢不動하고 曰我來求法이오 非爲衣鉢이니이다 祖曰不思善不思惡하라 當恁麽時하야 如何是明上座本來面目고 明이 言下에 有悟하다

一八、六祖在印宗法師會下러니 見二僧이 爭風幡호대 一僧은 曰風動이라하고 一僧은 曰幡動이라하야늘 祖曰不是風動이며 不是幡動이오 惟仁者心動이니라하시니 二僧이 悚然이러라

一九、六祖一日에 會衆問曰有一物於此호대 上柱天하고 下柱地하며 明如日하고 黑似漆하야 在作用中하나니 此甚麽物고 沙彌神會가 答云호대 此는 諸佛諸祖之本源이오 神會之佛性이니다 六祖曰尙未熟이라하시고 懷讓禪師八年後에 云호대 設使一物이라도 亦未中이니다 六祖遂認可하시다

二〇、龐居士坐次에 問靈照云古人이 道호대 明明百草頭에 明明祖師意라하시니 爾作麽生會아 照云這老漢이 頭白齒黃호대 尙作這般見解로다 士云爾作麽生고 照云明明百草頭에 明明祖師意로다

二一、大梅禪師問馬祖호대 如何是佛이니꼬 祖云卽心是佛이니라

二二、後에 僧이 問馬祖호대 如何是佛이니꼬 祖云非心非佛이니라

二三、百丈禪師每陞座에 有一老人이 隨衆聽法이어늘 一日에 百丈이 問曰爾是何人고 老人이 云某甲이 非人이라 於過去迦葉佛時에 曾住此山하야 因學人問大修行人도 還落因果也無이까 某甲이 對云不落因果라하고 以其業으로 五百生을 墮野狐身하니 請和尙은 代一轉語하사 令我로 開悟케하소서 百丈이 曰爾今如學人問하라 老人이 如教어늘 百丈이 曰不昧因果니라 老人이 言下에 大悟하야 遂脫野狐之身하니라

二四、臨濟禪師問黃檗禪師호대 如何是佛法的的大義니꼬 檗이 便打하야 如是三度어늘 乃辭檗하고 見大愚禪師한대 愚問甚麼處來오 濟云黃檗來니이다 愚云黃檗이 有何言句오 濟云某甲이 三問佛法的的大義하고 三度喫棒인바 不知有過無過이외다 愚云黃檗이 對汝에 老婆心切이어늘 更來問有過無過耶아 濟言下에 大悟하다

二五、潙山禪師示衆云我死後에 爲牛호대 其角에 書潙山某라하리니 爾時에 汝等은 謂潙山이 可乎아 謂牛可乎아

二六、趙州問南泉禪師호대 如何是道이까 泉이 云平常心이 是道니라 州云知此心이 是道乎이까 泉이 云

道不屬知不知라猶如太虛하야廓然洞豁이니라州言下에大悟하다

二七、僧이問趙州禪師호대狗子도還有佛性也無이까州云無니라

二八、僧이問趙州호대如何是祖師西來意니꼬州云庭前栢樹子니라

二九、石霜禪師云百尺竿頭에如何進步오古德이云호대百尺竿頭坐底人도雖然得入未爲眞이라하니百尺竿頭에進一步라야十方世界現全身이니라

三〇、萬法이歸一하니一歸何處오

三一、不與萬法爲侶者는是甚麼오

三二、古佛未生前에는如何是佛고

三三、父母未生前身이如何오

三四、若人이睡眠未夢之時는其靈知가在甚麼處오

三五、經에云一切唯心造라하니其義旨如何오

三六、佛有三身하니曰淸淨法身이오曰圓滿報身이오曰百億化身이시라하니其義旨如何오

三七、衆生之輪廻와諸佛之解脫이因在甚麼處오

三八、修行之人은當不離自性이라하니如何是不離自性고

三九、心性理氣의同一處와區分處가如何오

四〇、宇宙萬物이有始有終耶아無始無終耶아

四一、宇宙萬物의原始가心耶아物耶아心物이齊等耶아

四二、佛說性理의無生滅處가圓寂之體耶아靈知之用耶아虛空之元素耶아宇宙之實物耶아萬相之分體耶아一元之全體耶아如何是無生滅處오

四三、萬物之因果報復이現生事則彼此知而實行이어니와至於後生則宿命이已昧하니如何爲報復乎아

四四、古人이云호대天地는無知而知니라하니其義旨如何오

四五、人之命終時에其修行人은得正見이어니와未修行人은不得正見而誤入惡途云하니其得正見與不得正見之理由가如何오

四六、若以見性之人으로臨命終時에得涅槃道하면已與法身合이니如何更分個靈하야識前身後身之表準乎아

四七、佛說地獄은 果指甚麼處며 佛說極樂은 果指甚麼處오

一、세존이 도솔천을 떠나지아니하시고 이미 왕궁가에 나리시며 어머니태중에 나지아니하시고 사람을제도하여 맛치셨다

二、세존이 도를깨시고 탄식하여 가라사대 기이하다 일체중생이 다 여래의지혜덕상이 있것만은 미(迷)하여 도라오지못하는도다

三、세존이 어느날에 문수보살이 문밖에서 있음을보시고 이르사대 문수야 문수야 어찌 문에드러오지 아니하는고 문수가라사대 세존이시여 내가 한법도 문밖에있음을 보지못하였거늘 어찌나에게 문안에드러오라하시나이까

四、세존이 흑씨범지(黑氏梵志)라는 신선사람이 좌우손에합환오동나무꽃 두주를 가지고와서 공양하려함을인하사 부처님이가라사대 놓아버리라 범지가 드디여 외약편손에있는 꽃한주를 놓아버리거늘 부처님이 또가라사대 놓아버리라 범지가 또 바른편손에있는 꽃한주를 놓아버리거늘 부처님이 또이르사대 놓아버리라 범지가이르되 세존이시여 내가지금 빈몸으로있거늘 다시무엇

을 놓아버리라 하시나이까 부처님이이르사대 내가 너에게 그꽃을 놓으라는 말이아니니 네가만약 밖으로육진(六塵)과 안으로육근(六根)과가운대육식(六識)을 한때에 놓아버려서 가히 놓을곳이 없는지경에 이르면 이것이 곧 너의 생사를 면할곳이니라하시니 범지가 언하에대오하다

五、세존이 외도의 말(言)있음을뭇지도 아니하고 말없음을뭇지도 않는다는질문에 인하사 세존이 묵연양구하시니 외도가 찬탄하여 일으되 세존이 대자대비로 내의미한 구름을 열으시사 나로하여금 도에들게하여주신다하고 예배를 올리고가거늘 아란(阿難)이 이욱꼬 부처님께엿주오대 외도가 무엇을증득한바가 있어서 찬탄하고 가나니꼬 세존이 이르사대 비유컨댄 세상에 좋은말(馬)은 채쭉그름자만보아도 가나니라

六、일곱현녀(賢女)가 시다림(屍多林)에놀새 제석(帝釋)이 그도행에 감동하여 꽃을헐어 공양하고 일으되 오직원컨댄 성자(聖姉)여 수용할바가 있나이까 내가마땅히 평생의보물을 공급하겟노라 현녀가일으되 내가 달리요구할것은

없고 오직 세가지물건을 요구하노나 하나는 뿌리없는나무한주요 하나는 음양없는땅 한쪼각이요 하나는 소리하여도 울리지아니한 산골작 한곳이로다 제석이일으되 일체수용품이 나에게 다갖우워있으되 오직 이세가지물건은 내가 실로 얻지못하겟도다 현녀가일으되 그대에게 만약 이것이없다던 어떻게 사람을 제도하려하난고 제석이 드디여 함께 부처님처소에가서 말슴을살운대 부처님께서 말삼하사대 내의제자중에 대아라한(大阿羅漢)도 이뜻을알지못할것이요 오직 대보살(大菩薩)이라야 이에 이뜻을 알리라하시니라

七、세존이 열반에 드실때를 다다르사 대중에 고하여이르사대 내가처음녹야원(鹿野苑)으로 붙어 지금 발제하(跋提河)에 이르기까지 이중간에 일직한글짜도 설한바가 없노라

八、세존이 영산회상에 게시더니 하로는법좌에 오르사 꽃을들어서 대중에 보이시니 대중이 다 묵연하되 오직 가섭존자가 낫(顔)에 미소를띠우거늘 세존이일으사대 내에게있는 정법안장(正法眼藏)을 마하가섭에게 부치노라

九、사리불(舍利弗) 존자가 나무아래에서 바야으로 선정(禪定)에 들려하시더니 유마거사(維摩居士)가 지내다가 물어가라사대 지금 무엇을하는고 가로대 바야으로 선정에 들려하노라 거사가라사대 선정에 들때에는 유심(有心)으로써 드느냐 무심(無心)으로써 드느냐 만약 유심으로 든다할진댄 일체유정(有情)이 다 입선을함이요 만약 무심으로 든다할진댄 일체무정(無情)이 다 입선을하리니 또일으라 어떻게 입선을하는고 사리불이능히 대답지못하더라

一〇、아란존자가 가섭존자에게뭇되 세존이 금난가사(金襴袈裟)를 전하신외에 별로 무슨법을 전하엿나이까 가섭이 아란을 부르시니 아란이 응락하거늘 가섭이 일으사대 문앞에있는 찰간착(刹竿著)을꺽거서 없앨지니라 (찰간착은도인이출생하면그를가렵하며세운표지(標識)인것)

一一、양무제(梁武帝)가 달마(達磨)조사에게뭇되 짐이 직위한이후로 부처를조성하고 탑을조성하며 수도하는승려를공양하여 넓이 부처님사업을 일우워냄이 심히많으니 그공덕이 어떠하나니꼬 달마 일으사대 조금도 공덕이없나니

라

一二、양무제 달마존자에게뭇되 무엇을성체(聖諦)의 제일뜻이라하나니끄 달마 일으사대 법의본래는 확연(廓然)하여 성(聖)이 없나니라 제 일으사대 짐을 대한자는 누구인고 달마가라사내 알지못하나이다 제 그뜻을 알지못하더라

一三、달마존자께서 면벽(面壁)하고 계심애 이조(二祖)가 눈(雪)에서서 팔을끊어 그신(信)을 밧치고 일으사대 모든 부처님의 법인(法印)을 가히 어더 듯겠읍니까 달마 가라사대 모든부처님의 법인은 스스로 깨침에있고 사람으로좇차 어듬이 아니니라 가로대 내마음이 편하지 못하오니 청컨댄 스님께서 안심을 시켜주시옵소서 달마 가라사대 마음을 가저오너라 너에게 안심을 시켜주리라 가로대 마음을차저도 가히 언지못하겟나이다 달마 가라사대 너에게 이미 안심을 시켜맛첫노라

一四、사조(四祖)소년때에 삼조(三祖)에게 가서 예배하고 물어가라사대 원컨댄 화상(和尙)은 큰자비를 디루사 저에게 해탈법문(解脫法門)을 일러주소

서 삼조가라사대 누가 너를 얽것느뇨 가로대 얽근사람이 없읍니다 삼조가라사대 이미 얽근사람이 없을진댄 어찌하여 다시 해탈을 구하느뇨 사조가 그 언하에 크게깨다

一五、육조(六祖)행자(行者)(행자는아직승려가되기전수도인을이름이라)로써 오조(五祖)회상에 참예하신대 오조물어가라사대 네가 어데로좇차왔는고 가로대 영남(嶺南)으로 붙어왔읍니다 오조 가라사대 무엇을 구하고저왔는고 가로대 오직 성불하기를구하나이다 오조가라사대 영남사람이 어찌 부처를 이루리요 가로대 사람은 남북이있을지언정 부처성품이야 어찌 남북이있으리까 오조 마음에 다르게알으시다

一六、오조 하로ㅅ날 대중을 명하사 각각 증득한바에 의지하여 한게송(偈頌)을 지여오라하시니 때에 신수상좌(神秀上座)가 한게송을 올리나 가로대 몸은 이보리자나무와 같고(身是菩提樹) 마음은 이 명경대와 같도다 (心如明鏡臺)때때로 부지런이 닦고닦어서(時時勤拂拭)하여금진애가 찌이지않게하라(不使惹塵埃)오조 보시고가라사대 아직 문에들지 못하였다하시다 혜릉(慧

能)(혜릉은육조의법명이심)이 그게송을들으시고 또한게송을올리니 가로대 보리도 근본 나무가없고 (菩提本無樹) 명경도 또한 대가아니로다(明鏡亦非臺)본래에 한물건도없거니(本來無一物) 어느곳에 진애가있으랴 (何處惹塵埃)오조보시고 내심에 묵연이 인가(認可)하사 그후밤에 드디여 육조위를 전하시다

一七、도명(道明)이 육조를 좇차오다가 의발(衣鉢)이 움지기지 아니함을보고(도명이따르는것과의발이움지기지안는다는밀슴은육조단경을참고할사)가로대 내가 법을 구하려온것이오 의발을 위함이 아닙니다 육조 가라사대 선도 생각지말고 악도생각지말라 이때를당하여 무엇이 명상좌의 본래면목인고 명이 언하에 크게깨다

一八、육조(六祖) 인종법사(印宗法師)회하에 계시더니 마침 바람이 기ㅅ발을 움지기는지라 두 중이 서로 의론(議論)을 닷투되 한중은 바람이 동한다하고 한중은 기ㅅ발이 동한다하거늘 육조드르시고 가라사대 이것이 바람이 동한것도아니요 기ㅅ발이 동한것도아니요 오직 그대의마음이 동한것이라하시니 두.중이 송연이놀래더라

一九、육조 하로ㅅ날에 대중에게 물어가라사대 한물건이 여기에있으되 우으로는 하늘을기둥하고 알에로는 땅을대이며 밝이로말하면 일월과같고 검끼로말하면 칠통(漆桶)과같어서 항상 우리의 작용(作用)중에있나니 이것이 무슨물건인고 때에 사미(沙彌)(사미는소년승려를이름)신회(神會)가 곳 대답하여일으되 이는 모든부처님과 모든조사의 근본이시요 신회의불성(佛性)입니다 육조가라사대 아직 좀 미숙(未熟)하다하시고 회양(懷讓)선사가 팔년을 생각한후에 일으되 설사 한물건이라하여도 이치에 맞지아니하나이다 한대 육조 드디여 인가(認可)하시다

二〇、방거사(龐居士)영조(靈照)에게 일으시되 고인(古人)의말슴에 밝고밝은 일백풀머리에 밝고밝은 조사의뜻이라하니 너는 어떻게아는고 영조 일으되 저 늙은이가 머리가히고 이가누르기까지 그러한 견해(見解)를 가지고 있도다 거사 일으사대 너는 어떠한견해를가지는고 영조 일으되 밝고밝은 일백풀머리에 밝고밝은 조사의뜻이로다

二一、대매(大梅)선사가 마조(馬祖)에게 뭇되 무엇이 이 부처입니까 마조 일으사대 곳 마음이 이 부처니라

二二、후에 중이 또 마조에게 뭇되 무엇이 이 부처입니까, 마조 가라사대 마음도아니요 부처도아니니라

二三、백장(百丈)선사가 매양 법좌에 오름애 한노인이있어 대중을따라 법을듯거늘 하로ㅅ날에 백장이 물어가로대 네가 어떠한사람인고 노인이일으되 제가 사람이아니라 과거 가섭불(迦葉佛)세상에 일직 이산에 주하더니 학인(學人)이 저에게뭇기를 크게 수행하는 사람도 또한 인과(因果)이 떠러지나니까 안나니까하는대 대하여 제가 대답하기를 인과에 떠러지지 아니하나니라 하고 그업으로 오백생을 여호의몸을 받었아오니 청컨댄 화상은 한말슴을 일으사 나로하여금 개오케 하여주소서 백장이 가라사대 네가이제 그 학인과같이 나에게물으라 노인이 그와같이 뭇거늘 백장이가라사대 인과에 어둡지 아니하나니라 노인이언하에 크게깨처서 드디여 여호의몸을 벗엇나니라,

二四、인제(臨濟)선사가 황벽(黃檗)선사에게 뭇되 무엇이 불법의 적실하고 적실한 큰뜻이니까 황벽이대답지 아니하시고 문득 방망이로써 때려서 이와같이 세번물음애 세번 다 때린지라 임제가 이에 황벽을 하직하고 대우(大愚)선사를 차저가서본대 대우 물으되 어느곳으로 좇차오는고 임제 알으되 황벽회상으로 좇차 오나니다 대우 일으되 황벽스님께서 어떠한법문이 게시든고 임제 일으되 제가 불법 적적대의를 뭇다가 세번이나 방망처를 맞었는대 그것이 무슨허물인가 아지못하겟나이다 대우가라사대 황벽이 너에 대하여 어머니같은 자비를 썻거늘 네가이제 허물유무를 뭇느냐 임제 그언하에 크게깨다

二五、위산(潙山)선사가 대중에일으되 내가 죽은후에 소가되여서 그뿔에 위산아무라고 써 있으리니 그때 너이들은 위산이라하여야 옳을까 소라하여야옳을까

二六、조주(趙州)선사가 남천(南泉)선사에게뭇되 무엇이 이 도(道)입니까 남

천이일으되 평상심(平常心)이 도니라 조주일으되 이 평상심을 아는것이 이 도입나까 남천이일으되 도는 알고알지못하는데에 속하지아니하여서 저 허공과같이 확연통활하나니라 조주 언하에 크게깨다

二七、한 중이 조주선사에게뭇되 개자식도 또한 불성(佛性)이 있나니까 조주일으되 없나니라(부처님말솜에일체중생에다불성이있다하셧거늘조주는무엇을인하여업다고하였는고)

二八、한 중이 조주선사에게뭇되 무엇이 이 조사(祖師)(달마조사를이른말솜)의 서(西)에서 동토(東土)로 오신뜻이나까 조주일으되 뜰앞에 잣나무니라

二九、석상(石霜)선사 일으되 백척간두(百尺竿頭)에 어떻게 나수어 거름할꼬 녜ㅅ도인이 일으시되 백척간두에 앉은사람도 비록 도에들기는 하엿으나 아직참이 아니라하니 백척간두에 한거름을더 나어가야 시방(十方)세계에 전신(全身)이 날아나나니라

三〇、일만법이 하나에 돌아갔으니 하나그것은 어데로 도라갈꼬

三一、일만법으로 더부러 짝하지 않은것이 그 무엇인고

三一、녜ㅅ부처님이 나시기전에는 무엇이 이부처이신고

三二、부모에게 몸을 받기전 몸은 그어떠한 몸인고

三四、만약 사람이 잠이 깊이들었으되 꿈도없는때에는 그 아는영혼이 어느곳에있는고

三五、경(經)에일으시되 일체가 다 마음의 짓는바라하니 그것이 어떠한의지인고

三六、부처님에게 삼신(三身)이 있으나 가로대 청정법신(淸淨法身)이시요 가로대 원만보신(圓滿報身)이시요 가로대 백억화신(百億化身)이시라하니 그것이어떠한의지인고

三七、중생의 륜회(輪廻)되는것과 모든부처님의 해탈하는것이 그원인이 어느곳에있는고

三八、수행하는사람은 마땅히자성(自性)을 떠나지 아니한다하니 어떠한것이자성을 떠나지아니하는공부인고

三九、마음과 성품과 이치와 가운의 동일(同一)한곳은 어떠한것이며 구분(區分)된내력(內譯)은 또한 어떠한것인고

四〇、우주만물(宇宙萬物)이 비롯이있고 종이 있는것인가 비롯이없고 종이없는것인가

四一、우주만물의 근본이 마음인가 물건인가 마음과 물건이 같이된것인가

四二、불설에 성품의 생멸없다는곳이 원적(圓寂)의체를 일음인가 영지(靈知)의용을 일음인가 허공의원소(元素)를 일음인가 우주의실물(實物)을 일음인가 만상(萬相)의분체(分體)를일음인가 일원(一元)의합체(合體)를 일음인가 이무엇이생멸없는곳인고

四三、만물의 인과가 보복되는것이 현생일은 서로알고 실행되려니와 후생일은 숙명(宿命)이 이미 매하여서 피차가 서로알지 못하나니 이미 알지못할진댄 어떻게 그보복이되는고

四四、고인이 일으되 천지는 알미 없으되 안다하니 그것이 어떠한 의지인고

四五、사람이 명을 맞일때에 마음을 잘닦은사람은 그 영지가 평소와같이 모든 것이 바로보이여서 자기마음대로 수생(受生)을 하지만은 잘 닦지 못한사람은 그영지가 바로보이지 못하여서 부지중 악도에 떠러지기가 쉽다하니 그 바로보이고 보이지 않는것이 어떠한 이유인고

四六、만약 견성한사람으로써 명을 맞일때에 열반을 어덧다면 이미 법신에 합하엿으니 어찌하여 다시 개령(個靈)으로 난우워지며 또는 전신후신의표준을 알게되는것인고

四七、부처님의 말슴하신 지옥(地獄)이라하는것은 과연 어느곳을 가르치심이며 부처님의 말슴하신 극락(極樂)이라하는것은 과연 어느곳을 가르치심인고

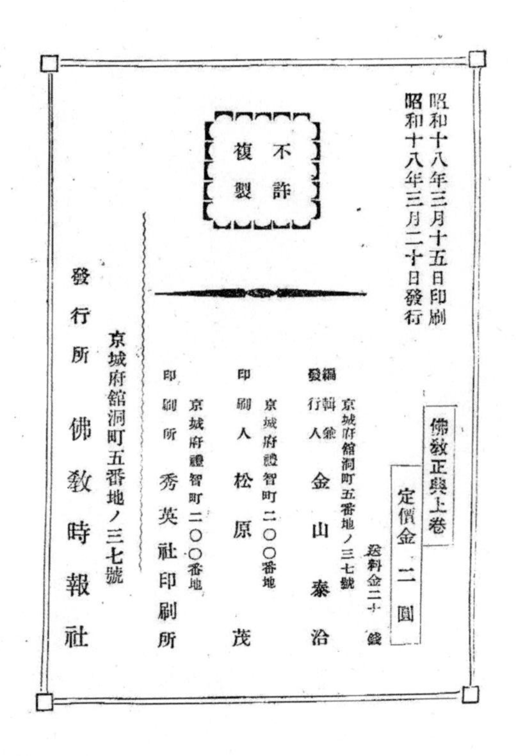

昭和十八年三月十五日印刷
昭和十八年三月二十日發行

不許複製

佛教正典上卷

定價金 二圓

送料金二十錢

編輯兼發行人 京城府舘洞町五番地ノ三七號 金山泰治

印刷人 京城府禮智町二〇〇番地 松原茂

印刷所 京城府禮智町二〇〇番地 秀英社印刷所

發行所 京城府舘洞町五番地ノ三七號 佛教時報社

주석 **불교정전** 권1

인 쇄 2019년 3월 7일 초판 1쇄 인쇄
발 행 2019년 3월 11일 초판 1쇄 발행

주 석 서문 성

펴 낸 이 주영삼
책임편집 천지은
디 자 인 김경택
인 쇄 재능인쇄
펴 낸 곳 원불교출판사
출판등록 1980년 4월 25일(제1980-000001호)
주 소 전라북도 익산시 익산대로 501
전 화 063)854-1784
팩 스 063)854-0784

WWW.WONBOOK.CO.KR

값 20,000원

ISBN 978-89-8076-336-8(03200)

잘못 만들어진 책은 구입처나 본사에서 교환해 드립니다.